大家小书

鸭池十讲（增订本）

罗庸 著 杜志勇 编订

北京出版集团公司
北 京 出 版 社

图书在版编目（CIP）数据

鸭池十讲 / 罗庸著 ；杜志勇编订. — 增订本. — 北京 ：北京出版社，2016. 10(2024.7重印)

（大家小书）

ISBN 978 - 7 - 200 - 12226 - 8

Ⅰ. ①鸭… Ⅱ. ①罗… ②杜… Ⅲ. ①文史哲—文集 Ⅳ. ①C52

中国版本图书馆 CIP 数据核字(2016)第 139643 号

总 策 划　安　东　高立志

责任编辑　高立志　乔天一

·大家小书·

鸭池十讲（增订本）

YACHI SHIJIANG

罗庸　著　杜志勇　编订

*

北京出版集团公司
北京出版社　出版

（北京北三环中路6号）

邮政编码：100120

网　址：www . bph . com . cn

北京出版集团公司总发行

新华书店经销

北京华联印刷有限公司印刷

*

880 毫米×1230 毫米　32 开本　5. 375 印张　89 千字

2016 年 10 月第 1 版　2024 年 7 月第 2 次印刷

ISBN 978 - 7 - 200 - 12226 - 8

定价：49.00 元

质量监督电话：010 - 58572393

序　言

袁行霈

“大家小书”，是一个很俏皮的名称。此所谓“大家”，包括两方面的含义：一、书的作者是大家；二、书是写给大家看的，是大家的读物。所谓“小书”者，只是就其篇幅而言，篇幅显得小一些罢了。若论学术性则不但不轻，有些倒是相当重。其实，篇幅大小也是相对的，一部书十万字，在今天的印刷条件下，似乎算小书，若在老子、孔子的时代，又何尝就小呢？

编辑这套丛书，有一个用意就是节省读者的时间，让读者在较短的时间内获得较多的知识。在信息爆炸的时代，人们要学的东西太多了。补习，遂成为经常的需要。如果不善于补习，东抓一把，西抓一把，今天补这，明天补那，效果未必很好。如果把读书当成吃补药，还会失去读书时应有的那份从容和快乐。这套丛书每本的篇幅都小，读者即使细细地阅读慢慢地体味，也花不了多少时间，可以充分享受读书的乐趣。如果把它们当成补药来吃也行，剂量小，吃起来方便，消化起来也容易。

我们还有一个用意，就是想做一点文化积累的工作。把那些经过时间考验的、读者认同的著作，搜集到一起印刷出版，使之不至于泯没。有些书曾经畅销一时，但现在已经不容易得到；有些书当时或许没有引起很多人注意，但时间证明它们价值不菲。这两类书都需要挖掘出来，让它们重现光芒。科技类的图书偏重实用，一过时就不会有太多读者了，除了研究科技史的人还要用到之外。人文科学则不然，有许多书是常读常新的。然而，这套丛书也不都是旧书的重版，我们也想请一些著名的学者新写一些学术性和普及性兼备的小书，以满足读者日益增长的需求。

“大家小书”的开本不大，读者可以揣进衣兜里，随时随地掏出来读上几页。在路边等人的时候，在排队买戏票的时候，在车上、在公园里，都可以读。这样的读者多了，会为社会增添一些文化的色彩和学习的气氛，岂不是一件好事吗？

“大家小书”出版在即，出版社同志命我撰序说明原委。既然这套丛书标示书之小，序言当然也应以短小为宜。该说的都说了，就此搁笔吧。

提撕刚健的儒家真精神

蒙　木

罗庸先生是身后寂寞的，他的名字终究没有湮灭，幸亏有那个冯友兰撰文、闻一多篆额、罗庸书丹的西南联大纪念碑在北大、清华、南开和云南师范大学矗立着。罗庸先生唯一的热闹，就是西南联大校歌作者问题聚讼不一。据2016年7月19日《广元晚报》报道，“罗庸《满江红》歌词手写稿现身广元”。该手写稿长10厘米左右，宽约7厘米，文字用清秀的小楷。歌词正上方则写着“请雷院长批示指正，教务处”，左下角落款处则写着“若有不妥请修改指正罗庸二八年元月五号”。西南联大歌词和纪念碑书丹使得身后寂寞的罗先生终将不朽。

罗庸的名字偶被提起更多是和西南联大紧密相连着。据《西南联合大学校史·中文系史》所载，罗庸所开的课程计有：大一国文及作文，中国文学史分期研究（一）、（二）、（三），诗经，楚辞，论语，孟子，魏晋六朝诗，唐诗，杜诗，词选，近代文，合公共课和专业课共14门课程。因为讲课声音洪亮，富有情趣，引人入胜，所以被学生们戏称为“罗叫天”。汪曾祺等很多亲历者回忆，罗庸讲杜诗是西南联大最叫座的课。

就是这样一个情深肠热的人，却不苟于著述。《鸭池十讲》是罗庸先生生前唯一一本自著的成书，由马一浮题签。其前记解释说：元朝时，“滇池”叫“鸭池”，昆明便被成为“鸭池城子”，这本书所收稿子十之九讲或者写于昆明，“以记地故，因题此名”。

谢泳曾向读者推荐该书：

> 罗庸先生这本书非常好读，我以为可以和朱自清的《经典常谈》并列，是那种常看常新的书，是一本有生命力的书。如果说朱自清的《经典常谈》主要是谈艺，而罗庸的《鸭池十讲》则是谈艺和做人兼顾，是一本更注重阐发中国文化精神的书。
>
> 罗庸对于中国文化有深入了解，也有非常亲近的感情，这一点他很像钱穆，他的这些文章可以说篇篇动人，虽然是半个多世纪前的演讲，但今天读来还让人心有所动。罗庸关于国文教学也有很精辟的见解，他特别强调国文教学在陶冶学生人格方面的重要作用，认为国文教学比

之于修身和党义对学生的影响更深，他的许多见解，对于今天的语文教学也极有启发。[①]

本书收十篇：《我与论语》《儒家的根本精神》《论为己之学》《欣遇》是关于为学做人的，《感与思》《国文教学与人格陶冶》是关于文学史的，《诗人》《思无邪》《诗的境界》《少陵诗论》是关于诗的。雍容道来，最后归结为士的风节和弘毅刚健的儒家真精神。其讲诗的部分可以用两个学生的回忆来印证。赵瑞蕻在《西南联大六十年》中回忆罗庸讲杜诗《同诸公登慈恩寺塔》：

> 教室里站满了人，多数是中文系同学，我与外文系的几个同学站在最后边。罗先生一开始就读原诗：高标跨苍穹，烈风无时休;自非旷世怀，登兹翻百忧……先生来回走着声念，好听得很……罗先生自己仿佛就是杜甫，把诗人在长安寺慈恩寺塔上所见所闻所感深沉地——传达出来;用声音，用眼神，用手势，把高塔向东南西北四方外望所见的远近景物重新描绘出来。他先站在讲台上，忽然走下来

① 载《中华读书报》2002年7月24日，后扩充为《罗庸的〈鸭池十讲〉》收入《杂书过眼录》。

靠近木格子的窗口，用右手遮着眉毛做外眺状，凝神，一会儿说：“你们看，那远处就是长安，就是终南山……”好像一千三百多年前的大唐帝国京城就在窗外边，同学们都被吸引住了。……罗先生也把杜甫这首诗跟岑参的《与高适薛据登慈恩寺浮图》作了比较，认为前者精彩多了，因为杜甫思想境界高，忧国忧民之心炽热，看得远，想得深。罗先生接着问，诗的广度和深度从何而来？又说到诗人的使命等。

杜道生92岁时回忆这个场景依然激动不已：“他将人物讲得栩栩如生，把景物讲得近在咫尺，他讲杜甫时自己仿佛就是杜甫……这样的上课比电影还要惟妙惟肖。罗庸先生待人诚恳，温文儒雅，道德很高尚。”张中行说，“北大国文系有两位教授，罗庸和郑奠，像是李杜，谁提到就连着说，都规规矩讲课，不露什么锋芒。”

罗庸主张的教育是“打成一片的国文教育法”：教师的言行与教材内容打成一片；课内教学与课外生活打成一片。“国文教学与人格陶冶实在只是一件事的两方面，但要真能做到圆满，就非国文教师先对于中国文化有清楚的了解，并真能自己具有士大夫的风格不行。”

《国文教学与人格陶冶》这篇文章是分量非常重的，他从学校商业化开始批评，接着讲中国文化与士大夫，讲诗教，这最后的归结和他讲《论语》、讲儒家精神贯通起来。他说：

“士大夫”实在是中国文化的轴心，他的责任是“致君泽民”，“上说下教”。……士之所以为士，在其能以全人格负荷文化的重任而有所作为，所以说：“士不可以不弘毅，任重而道远。仁以为已任，不亦重乎？死而后已，不亦远乎？”然必其先有自发之志，然后能有所奔赴……

……“成己成物”，“立己立人”。有了这样的风节，无论从政讲学，都会有一贯的内容和面目。有了这样的风节，自然对自己和社会有他的深到的看法与合理的安排。

中国民族便是在这样的一种风格的陶冶中出生入死支持它的生命到如今。为了负荷“人的自觉”的使命，受尽了异族的蹂躏，而终究不沦于绝灭者，就在人类的向上心毕竟不会完全失掉；到了途穷思返的时候，中国文化正在以人类的正常态度和平而宽厚地等待他们。

这便是中国民族的自信力，而这自信力的培成，却全靠士以他的整个的人格来负担。

一个睟面盎背、浩然正气的醇笃大儒如在目前。老舍滇行笔记几处提到罗庸。“罗膺中兄也显着老，而且极穷，但是也还给我包饺子，煮俄国菜汤吃。”1942年春，一场大火又把这极穷的罗家烧个精光。他说：“国忧家难，学殖日荒，同游诸友，亦或愤悱无靖献于时，因共约为讲习之会”。这就是后来《习坎庸言》的由来。所以他的学生齐燕铭评价“先生的人品和学识可并顾炎武和黄宗羲”。

《鸭池十讲》最早是桂林开明书店1943年9月出版，香港龙门书店1966年5月再版；1997年3月该著与罗家伦《新人生观》合为一册进入“新世界万有文库”，2015年4月该著附骥《习坎庸言》之后又出一次。本次收入“大家小书”，由编者根据初版以及原刊进行核校，并增补了《论读专书》《美育与宗教》《感觉与意境》《我的中学国文老师》四篇文章，以及论诗书简五通、《读〈文心雕龙〉》书简一通。这得来不易的十篇文章更为切近，甚至直接是答疑解惑的，主要讲为学次第和习诗门径。其中一个核心理念是：读书，首先要都《论语》《孟子》《大学》《中庸》这些民族命根所系的书，然后就要读专书，读专集要读大家。循序渐进地读，这样才能读出中国的文脉来。这和正文十篇是相互生发的。

目 录

鸭池十讲

马一浮题签

前　记

这一本小册子，共收入讲演稿十篇，大半是近五年来旅居昆明所讲。昆明的滇池，在元代本名鸭池，在我书室内悬挂的一幅昆明玉案山筇竹寺元代白话圣旨碑文，就称昆明为“鸭池城子”，以记地故，因题此名。

近五年在昆明的讲演，大致不出三个范围：一种是关于为学做人方面的话，一种是关于诗的，还有一种是关于文学史的。开始集这小册子的时候，本有《论读专书》《文学史话》《诗的欣赏》《中国诗的前途》四篇，这都是讲演稿；后来，看看内容不大相称，便把这四篇抽出，另编入《论为己之学》《思无邪》《少陵诗论》《欣遇》四篇，仍旧是十篇。《论为己之学》是为三民主义青年团西南联大支团部的刊物《联大青年》写的，《思无邪》是为《国文月刊》写的，《少陵诗论》是抗战前为北平大学女子文理学院《新苗》月刊写的，后来发表于《经世季刊》[①]，《欣遇》是为昆明《文聚》月刊写的。都不是讲演稿，也不限于昆明，但既已题为《鸭池十讲》，也就不愿再改名目了。

敬谢西南联合大学师范学院国文月刊社的主任编辑余冠英先生，他允许我把这些讲稿刊出，因为有许多篇是在《国文月刊》发表过的。谢谢西南联大中国文学系助教马芳若先生、中法大学文史学系助教李松筠[②]先生和西南联大中国文学系同学王宾阳[③]君，因为有几篇稿子他们替我重抄过。

三十二年（1943）五月四日，

罗庸记于昆明大绿水河畔之习坎斋

---

① 编者按：《少陵诗论》发表于《新苗》第2期。

② 李松筠（1913—1980），中国民主同盟盟员，毕业于西南联大中文系，曾为闻一多先生助教。先后在中法大学、西南联大、北京大学、河北师范学院（今河北师范大学）等学校从事中国古典文学和国文课程的教学与研究。

③ 王宾阳（？—1992.10.13），毕业于西南联大中文系，此间英勇参军抗战，其名镌刻于《国立西南联合大学抗战以来从军学生题名碑》，永留青史。曾任教于清华大学、河北师范学院（今河北师范大学），学识渊博，授课效果极佳，50年代被誉为河北师院四大讲师之一。

一　我与《论语》

在去年八月里，王维诚先生和我相约，要我和儒学会的各位谈一次话，但因大家都忙着自己的事，转眼四五个月，始终没有实行。

上星期，王先生又提起这事。我问知儒学会不过有五六位会员，便约定选一个星期六的晚上，在我家里谈一谈；但恰好前两周正为几位担任一年级国文的朋友述说我为本校一年级《国文》一书选定《论语》十章的经过，假定他们几位也高兴参加，我家里便坐不下。因此和王先生商量，不如找一个教室，公开谈一谈，也许有些别位同学高兴来听。这便是今晚讲演的由来。

我根本不懂哲学。儒学呢，至今也还没有懂。本不配来说话。但儒书毕竟读过一些，因此定了这个题目，想把自己读《论语》的经过，向各位报告一下，或者比较切实些。

我同《论语》见面很晚，因为先父深恶无实之学，一心期望我做一个好的中医。所以我发蒙读的书是《王叔和脉诀》，而不是《三》《百》《千》[①]和《大学》《中庸》。直到九岁上才读到《论语》，又因幼时多病，直到十二岁才算把《论语》读完。又读了《孟子》和半部《诗经》，便离开家塾，进了学校。这时对《论语》的印象，是只觉得和平简易，不如《孟子》的大气包举，剑拔弩张，此外就没有什么了。

十四岁进了中学，在同班中比较算年纪小的，但功课并不比年长的同学坏。在小学时考试争第一的恶习，这时候又移到中学里去了。却不料有一位姓叶的同学，年纪比我还小一岁，但是聪明绝顶。作的很好的柳文，写一手极漂亮的成亲王小楷，说一口好英文。两个人都自以为稳拿第一，便闹成各不相下。论天资我比他差得远，但我的图画手工成绩比他强，平均下来，第一还是落在我头上。因此两个极要好的朋友，却终日因互嫉而吵嘴，闹得地覆天翻。

同班中还有一位姓王的同学，名讷，字畏愆，人如其名，是一位极笃实长厚的青年，我们大家都以兄事之。对于我们这种褊嫉浮嚣，常加规正。但有时闹的太利害了，他便默不作声。

---

① 编者按：《三》《百》《千》指《三字经》《百家姓》《千字文》。

这一年大概是民国四年吧，我16岁。夏天将要放暑假的时候，我同叶又闹起来了，这一回闹得很凶。下午放学的时候，王畏慫过来和我说：“我送你一段路吧。”我点点头，便同他一齐走出校门。

我的中学母校在北平东城史家胡同。学生一律走读。我家住东四牌楼北，王畏慫则住崇文门外。每天照例是在史家胡同西口分手，各自回家的。这一天他陪我向北走，我沿途还是絮叨着叶的问题：某一句话分明嘲弄我，某一个动作分明是揶揄我，说个不休，而他则始终不作声。

走到东四牌楼，他站住了，说：“我不能送了。”那面容非常严肃。接下的一句却是：“你念过《论语》没有？”我答道：“我念过的呀。”他更严肃了，严声说道：“记着，不逆诈，不亿不信。回去吧。”说完，转身向南，岸然道貌的走了。

我像触了电，半天动不得身，也不知是感激，还是忏悔。最后一溜烟跑回家，马上把《论语》这一章翻开，正襟危坐的对着书直到更深。

从这一次开始懂得了读书要引归自己，在我为学的历史上是一个很大的纪念，终身不敢忘的。只可惜这两位好友，在二三十岁左右，却不幸先后夭亡了。

此后《论语》便成了我的老师，生活上有了问题，便在《论语》中求解答，得益之多，不可言喻。假如能守而勿失，是不会像后来那样荒唐失据的；不料习气深厚，本根浅弱，十七岁后，又复走入了歧途。

十七岁的夏天，忽然发心要读《庄子》。便找了一部郭注，连注点读。便无论如何不能懂，一个暑假中，从头到尾点了七遍，结果还是不懂，只好放下。同时又爱上了陶诗，长夏无事，在我那一间槐阴深覆的小书屋里，念着“孟夏草木长，绕尾树扶疏”，觉得在我读过的书中，除《论语》外，最亲切有味的，要算陶诗了。

十八岁进了北大文科国文门，真有点目迷五色。这时国文门完全是余杭章氏学风，《国粹学报》差不多是同学们课外必读的读物。我自己呢，在图书馆的贵重书库中，又爱上了广仓学窘出版的王静安先生的著作。在外面，《新青年》和《新潮》两本杂志，又正在风行一时。我对于哪一方面都喜欢，同时对于哪一方面也不满意，成了“既不能令，又不受命”的“绝物”，内心苦闷万分，直没有个解决处。就是这样过了三四年，当中算是梁漱溟先生的《东西文化及其哲学》出版，碰着了我的问题，但我对梁先生所讲，并不能完全了解。这三四年中，尽读周秦诸子，结果除了增加些浮泛见解以外，了无所得。

二十一岁这一年，苦闷到几乎要自杀，却遇见了一位学佛的朋友，劝我念佛修净土。我欣然接受，从此茹蔬持名，一下去便是九年。

从此热心于居士生活，寺庙讲筵，几无空过。先后听的看的经典，却也不少。实际上，恐怕只是记了许多名相；但有一天无意中翻《庄子》，却似乎比从前明了了许多。

我一似乎明了可就坏了。靠了自己一点浮明，便在我教书的学校中，大讲其《庄子》。话越说的圆，越自鸣得意，而狂妄亦愈甚。粗疏廓落，唐大虚骄，真可算诸恶毕备。二十七岁这一年，又参加韩德清居士所办的三时学会，听讲瑜伽，解深密，学得了许多分析名相的知见。虚骄之外，反转又加了吝私。

我一直未出国门，二十八岁这一年，忽然有机会代表一个学会出席日本东京帝国大学，也顺带参观了几处日本寺院。旧习难除，在京都和名古屋，搜集了不少日本人做的关于因明的书，预备回来和别人夸多斗胜。但这一次旅行，亲见日本人对于中国的处心积虑，和中国人自己的糊里糊涂，两相比照之下，给了我很大的刺激。我已不大敢再游心于浮妄的空谈了。

这一年正是民国十六年，大多数朋友都已南下。我也在十七年的春上，从北平到了南京。

到南京第一件事是到支那内学院参拜欧阳竟无先生和吕

秋逸先生。这时我心中已另有了许多新问题，欧阳先生短短的谈话，我并不能十分领略。十七年的秋末，我便由上海到了广州。

在广州中山大学的三年中，对于我十年来的生活态度是一个很大的转变。这时梁漱溟先生正在广州主办省立第一中学，梁门诸子都是笃行不务外一流，尤其是亡友王平叔先生维彻，益我最大。他的言论恰好针对了我的病痛。闻过的机会愈多，反省的心也愈真切，往日不自觉知的毛病，这时才又慢慢的发见出来。

尤其是数年来从北到东，从东到南，见闻所及，学得了很多的事情，于实际问题，颇有所见。但积年锢习，必待碰了大钉子才肯回头。

中山大学国文系有一门课程叫诸子文，我到中大这一年，便开始由我担任。第一学期当然讲《庄子》，靠了从前的那一套狂妄，居然引了许多学生来听。第二学期讲《老子》，依然说得天花乱坠。第三学期讲《荀子》，已经觉得有些吃力。第四学期居然大胆讲《论语》，这一回算是给了自己一个绝大的教训。

话又说回到几年以前，在民国十四五年的时候，我因为看了阮元《揅经室集》里的《〈论语〉论仁论》，黄以周的《经训比义》，陈澧的《汉儒通义》，刘申叔先生的《理学字义通释》，有所启发，便把《论语》中关于论学、论礼的话类抄起来，拿来解释“吾十有五而志于学”一章，自谓训诂颇有义据。其实对于这一章全未了解，结果害得梁漱溟先生从北平西郊大有庄跑进城来，亲自登门下问，以为我真懂一章，直闹得我手足无措。现在既要教这书，便把这一套老家当搬出来，编了一种讲义叫《论语本证》，意在以本书证本书，不至于跑野马。孰知刚刚上了一点钟，便自觉有些说话实在多余。以后每上一点钟，便自觉话越多越讨厌。一再减损的结果，只好光念本文。学生听了兴味索然，便相率退席。讲到末了，师弟交困，勉强收场。

这一回使我深切感到儒学要在力行亲证，决不许你徒腾口说。凡在别的子家可以应用的知见言说，到《论语》全用不上。真是一钉一板，毫无走作，全身毕现，直下承当，才许你入得几分。二十岁前后养成的浮华积习，展转十年，才算又得到一番忏悔。

民国二十年夏回到杭州住了一年，适其时熊十力先生住在湖上，正在写《新唯识论》。马一浮先生则本来住在杭州。暇日常到两位先生处去请益，这一年受益最大。这一年才把宋明理学书，和清代大儒的书，检重要的粗粗读过一遍。而朱子和曾文正两家感我最深。因为我一向的毛病，是最不细密，最不着实的呀！

二十一年秋回到北大，改任文学史和诗词方面的课，这对于我是最好的寡过之道，因为教文学史和诗总不会怎样惑世诬民。十年以来，和朋友们也不大谈这一方面的话；除了二十七年秋在蒙自讲过一次《孟子》以外，很不愿把此学作为一场话说，一方面自己也实无把握。前年，大一国文委员会选定教材，大家推我选《论语》，这才又把从前的《论语本证》稍加删汰，便是现《在大一国文选》里的《论语》十章。直到前两周为担任大一国文的各位说《论语》，才有今天这一次讲演。屈指三十四个年头，为了自己习气深厚，根器浅劣，不肯着实向学，因循自误，走了许多冤枉路。到如今愆尤丛集，寡过未能，一部《论语》对于我竟无真实受用，真是惭愧万分。

到了今天，对于《论语》一书，实在还没有懂，也就是对于儒学没有懂。不过感想所及，有几点是值得提出来说的：

儒学是求仁得仁之学。要在力行，才有入处。大家如能在躬行日用上改过迁善，反己立诚，以体验所得，反求之《论语》，那便终身受用不尽。否则入乎耳出乎口，仅作一场话说，纵令不是仰天而谈，也于自身全无交涉。

圣人之言，决无偏小，一言一字，当下皆圆。即如“学而时习之”一句，便是彻上彻下，无欠无缺。了得此句，便是一圆一切圆，更无短少。切不可私心摆布，谈什么哲学体系，构画搏量，自塞通途。

圣人之心，与天地参，周流六虚，旁行无碍，识得此意，全局皆活，更无一物死于句下。一切进退因革，质文损益，如指诸掌，百世可知。意必固我之私，须知皆是障道之具。

学者要紧先取“吾十有五而志于学”一章，和“颜渊喟然叹曰”一章，互相参照，反覆玩味。且莫高谈性与天道，先认得孔子自述“十室之邑，必有忠信如丘者焉，不如丘之好学也”和叹息颜渊的话“今也则亡，未闻好学者也”两章，便知“好学”二字，即已超凡入圣。才说下学，便是上达，更不须别寻门路。方知《论语》之记者，首著“学而时习之”一句，具有深意。大家且先办取一个真切志学的心，以后工夫，自不难水到渠成，迎刃而解。切不可好高骛远，舍己耘人，耽误了切己工夫。这是我一点很恳切的意思。

今晚随想随谈，有许多词不达意，疏谬之处，希望各位指教。

三十一年（1942）一月十七日在本校

（西南联合大学）儒学会讲。①

① 编者按：此文原刊《国文月刊》第14期，1942年7月16日出版。

二　儒家的根本精神

一个民族的文化，必有其根本精神，否则这个民族便无法存在和延续。中国民族，两千多年以来，虽然经过许多文化上的变迁，但大体上是以儒家的精神为主。所以，中国民族的根本精神，便是儒家的根本精神。

儒家的根本精神，只有一个字，那就是“仁”。《说文解字》说：“仁，相人偶也。从二人。”这个字在西周和春秋初年，还没人特别提出来当作为学做人的标目。到了孔子，才提出来教弟子。所以《论语》一部书里，弟子问仁的话特别多，孔子许多不同的答话，对仁的义蕴，也发挥得最透澈。仁就是孔子的全人格，两千多年以来，中国民族共同的蕲向，也便是这仁的实践。

《论语》里记孔子论仁的话，最简单扼要的莫如答颜渊的一句：“克己复礼为仁。”克己就是克去一己之私，复礼就是恢复天理之公。因为人性本善，人格本全，只为一己的私欲所蔽，陷于偏小而不自知，便有许多恶行出现。有志好学之士，欲求恢复此本有之仁，便须时时刻刻做克己复礼的工夫。及至己私克尽，天理流行，自己的本然，也就是人心之所同然，自己的全体大用，也就是宇宙的全体大用。则天下不期同而自同，不期合而自合，所以说："一日克己复礼，天下归仁焉，为仁由己，而由人乎哉！"

但这为仁的工夫，只在日常的视听言动之中，并非在生活之外，别有所事。所以颜渊请问其目，孔子答他："非礼勿视，非礼勿听，非礼勿言，非礼勿动。"因为"闲邪存诚"，是克己的根本工夫；学而时习之，也便是实习此事。到了大段纯熟绵密，便可以"无终食之间违仁，造次必于是，颠沛必于是"，达于君子的境界了。颜渊在孔门是最纯粹的，所以孔子称赞他："好学，不迁怒，不贰过。""其心三月不违仁。""吾见其进，未见其止。"其实颜渊的得力处，只是让一息不懈地做收敛向里的工夫。这才真是"学问之道无他，求其放心而已矣"了。

克己的工夫，第一在寡欲，《孟子》"养心莫善于寡欲"一章，说得最亲切。因为一切的欲，都是由躯壳起念。心为物累，便会沾滞私小，计较打量，患得患失，无所不至，毁坏了自强不息的刚健之德。所以孔子批评申枨，说："枨也欲，焉得刚？"又说："刚毅木讷近仁。"盖不为物累，便能洒脱摆落，活泼新鲜，使生命成为天理之流行，与宇宙同其悠久。所以曾子说："士不可以不弘毅，任重而道远，仁以为己任，不亦重乎？死而后已，不亦远乎？"

能克去外诱之私，便能深根宁极，卓尔有立，所以木有似于仁。孔子称赞颜渊，说："吾与回言终日，不违如愚；退而省其私，亦足以发，回也不愚。"盖心不外驰，自然有此气象。孔子和左丘明都是讨厌"巧言令色足恭"的，就因为他"鲜仁"，所以仁者必讷。司马牛问仁，子曰："仁者其言也讱。"曰："其言也讱，斯谓之仁矣乎？"子曰："为之难，言之得无讱乎？"因为仁是由力行得来的，所谓先难而后获，所以君子"先行其言，而后从之"，到此才知一切言语，都是浮华了。

克己的最后境界是无我。《论语》说："子绝四：毋意，毋必，毋固，毋我。"意是揣量，必是武断，固是固执，都是意识所行境界中的妄念，因为私欲作主，便尔执持不舍，攀缘转深，把一个活泼无碍的生命，弄得触处成障，而其总根源都由于有我。因为我是因人而有的，人我对立，便是自己浑全之体的割裂，缩小，割裂缩小，便是不仁。所以克己不但要克去外诱之私，而且要克去意念的妄执；不但要克去意念的妄执，而且要克去人我共起的分别见。到了用力之久，而一旦豁然贯通，则大用现前，人我双泯，体用不二，天理流行，这才真是复礼，真是得仁了。

孟子教人在怵惕恻隐之发见处识仁，因为仁以感为体，他是寂然不动、感而遂通的。寂然不动便是静虚，感而遂通便是动直。内外无隔，有感斯应，如水就下，如箭在弦，所以仁者必有勇，仁者必敏。静虚之极至于无我，则死生得失不介于怀。动直之极至于自他不二，则不达于得仁不止。所以君子无求生以害仁，有杀身以成仁，是极从容自然的事。到此境界，只有内省不疚，是惟一大事，此外都无忧惧，心境自然坦荡平愉了。

无忧无惧，便是知命乐天，孔、颜乐处在此。到此境界，岂但富贵不能淫，贫贱不能移，威武不能屈；直是素位而行，无人而不自得，圣人之从容中道盖如此。然究其极，亦只是做到了尽心率性，并非于人生本分外有所增加，极高明亦不过道中庸而已。

这便是儒家的根本精神。我民族二千年来涵濡于这精神之中，养成了一种大国民的风度。那便是寡欲知足、自强不息、爱人如己、敏事慎言的美德。我民族所以出生入死，百折不回，屹然立于不败之地，全靠了这一副哲人精神为其自信力。发扬这一种精神，便成为全人类共同的信念，是我民族的责任，应该当仁不让的。

三十一年（1942）五月十三日昆明广播电台讲①。

① 编者按：此文原刊《国文月刊》第21期，1943年4月出版。

三　论为己之学

《论语·宪问》篇："子曰：古之学者为己，今之学者为人。"朱子《集注》引用程子的话道："为己，欲得之于己也；为人，欲见知于人也。"又说："程子曰：'古之学者为己，其终至于成物；今之学者为人，其终至于丧己。'愚案：圣贤论学者用心得失之际，其说多矣；然未有如此言之切而要者。于此明辨而日省之，则庶乎其不昧于所从矣。"

一部《论语》，论其宗趣所归，一"仁"字足以尽之；论其致力之方，一"学"字足以尽之。子夏曰："博学而笃志，切问而近思，仁在其中矣。"是仁亦涵摄于学。孔子曰："吾十有五而志于学。"《论语》的记者，也拿"学而时习之"一章冠首。这真是原始要终，彻上彻下，明白了为学之道，便已本末兼赅了。

人之大病，莫过于昏惰无耻。孔子只有对于"饱食终日，无所用心”和“群居终日，言不及义，好行小惠”的两种人，说他们“难矣哉”！又说：“困而不学，民斯为下矣。”孟子也说：“自暴者不可与有言也，自弃者不可与有为也。言非礼义，谓之自暴也；吾身不能居仁由义，谓之自弃也。”因为为仁是由己的，如果你志趣凡下，不耻卑污，那末，人都不奈你何。孔子说：“不愤不启，不悱不发；举一隅不以三隅反，则不复也。”又说：“不曰如之何如之何者，吾未如之何也已矣。”孟子也说：“不耻不若人，何若人有？”朱子也说过：“不带性气的人，为僧不成，为道不了。”所以“尚志”是学者第一件大事。

尚志便是自强，鞭辟近里，与他人全无干涉。所以孟子答王子垫问尚志说：“仁义而已矣。”如不善会此意，便有以忮求为尚志的，有以妄想寻伺为尚志的，行险徼幸，病目空花，而自以为有志，这正是孔子所谓“患得患失”的鄙夫。学者如能于此处体认明白，则其一段高明俊迈之精神，必有自发而不容已者，这样为学，才是为己之学了。

《荀子·劝学》篇有两句话说：“君子之学也，以美其身；小人之学也，以为禽犊。”真说到为己之学，不但不为禽犊而已，凡逐外徇物，皆是为人。学者且各自问：我今日为学，果真为谋道，不为谋食吗？果真不为名利恭敬吗？果真有一段不容已之精神，坦然奔赴，宁以穷饿无闷，死生不变其操吗？如其未然，那便是实在未尝有志于学，入手便错，何问前途？且教洗髓伐毛，将自欺欺人之习，打扫净尽，实见得人之所以异于禽兽，实见得己之所以异于圣贤，如恶恶臭，如好好色，不怙己过，不恋旧习，才可与说为己之学。

孔子答子路问志，只说个“老者安之，朋友信之，少者怀之”。而自述则曰：“吾十有五而志于学。”此言最为无病。学者虽不骛外，但是空悬鹄的，模画圣贤，也便是捕风捉影。如文王之“望道而未之见”，颜渊的“如有所立卓尔”，都是实有所见，才说这话。不然，误会了孟子“舜何人也，予何人也，有为者亦若是”的话，或且预立目标，以与古人铢量寸较，反转变为功利炽然，仁义充塞，其流弊有不可胜言者。只一句“好学”，便是万病尽祛，万行具足，才真是为己之学了。

为己之学只是自知不足，而未尝预拟其止境，这便是下学工夫，至于上达，是不暇计及的。孔子自己是“发愤忘食，乐以忘忧，不知老之将至”的，称赞颜回，说：“吾见其进，未见其止。”这都不过真是“日知其所亡”而已。真能日知所亡，必能月无忘其所能，所以颜回是“退而省其私，亦足以发”的。

不足之感还是由好学而来，所谓“学然后知不足”者是。知不足然后能自反，知困然后能自强，都是切实向内的工夫。所谓“反身而诚”，“尽己之谓忠”，实在皆是好学之事。自知不足则其心愈虚，反身而诚则其心愈实。程子尝说：“学者心要实，又要虚。”其意在此。“知之为知之，不知为不知”，是实到极处；“有鄙夫问于我，空空如也，我叩其两端而竭焉”，是虚到极处。致实致虚，才真是为己之学了。

真能虚的人必不骄，真能实的人必不吝。真能虚的人必不忮，真能实的人必不求。真能虚则学不厌，真能实则教不倦。而其实则皆是诚之发见处。诚则明，是虚之用；诚则动，是实之用；诚之全，即仁之体。孔子说：“仁远乎哉？我欲仁，斯仁至矣。”又曰：“为仁由己，而由人乎哉？”能触处反求诸己，即是“无终食之间违仁”，能造次颠沛不违于仁，才真是为己之学了。

至诚无息便是自强不息，天行健即是仁者必有勇，所以真能为为己之学者必是宏毅坚刚，光明俊伟，洒然无累，凝然不滞，夙夜黾勉，而未尝有累于心，无非求有以自得而已。

“自得之则资之深，资之深则居之安，居之安则取之左右逢其源。”所以真能为为己之学者必有及物之功，程子所谓“其终至于成物”者是。因为宇宙内事皆自己分内事，所以仁者与物同体，成物实即尽己之事，仁者并不自知其有及物之功的。舜禹之有天下而不与，孔子叹其巍巍，舜禹并不自知其巍巍也。反之，视天下有一物未康即亏吾性到是真的。所以成己成物原无二致，其义在此。

否则，竭情利禄，弊力声名，正是《乐记》所谓“物至而人化物”的。己之既丧，成物何由？人生可哀，无过于是！是不可不痛自反省的。

本篇系应西南联合大学三青团刊物《联大青年》的要求而写，写成而《联大青年》已停刊，改送《国文月刊》。原为文言，兹为本集文体一律，改为白话。三十一年（1942）十一月十日，改写后记。[①]

① 此文原刊《国文月刊》第24期，1943年10月出版。

四　感与思

关于现在中学生国文程度低劣的问题，已经有不少专家讨论过了，今晚专就国文作文内容提出两点，略说个人的意见，那就是：感与思。

我们觉得学生作文技术拙劣是比较容易补救的，唯有内容空洞糊涂，是最严重的问题。因为空洞糊涂就证明作者的无感觉或不会表示感觉，无思想或不会运用思想，根本不立，所谓技巧云者，便全是不着边际之谈。教者不能在这里善为培植，学生的作文是无法进步的。就近几年大学入学试验国文卷来看，一百篇作文卷中，未必能有一篇感动人心或启发人思的。叙述描写只会用几句现成套语，析理论事更只会人云亦云。凡曾参加过阅卷的人，大概没有一个不感觉头痛的。所以致此的原因固然很复杂，然而教者不善教，学者不善学，恐怕是主要的原因。所谓“以其昏昏，使人昏昏”，便成了空洞糊涂的现象。用我们现在的话来说，便是既不能感，又不能思。

今晚这个题目，就是想针对这个问题说几句话。所以只说感而不说感觉或感情，只说思而不说思辨或思想，意在指点出一些实际用功下手处；至于从感到情，从思到想，便不是本题讨论的范围了。

照说，生在现时代的青年，应该是最善感而能思的了。国家民族遭遇着空前的厄运，世界人类正在互相毁灭中，眼见耳闻，无一事不是惊心动魄，无一事不足耐人深思。“殷忧”是足够了，但是否已经“启圣”了呢？只须翻开入学试验国文卷一看，便可以发现有那么多的青年的作品，木然无感，茫然无思，空洞糊涂，不知所谓，这真是一个反常的现象。古人说，“哀莫大于心死”，我们承认青年的心都是活着的，其所以有此现象，完全为了教育不够培植他们的性情，启发他们的智力，以致才出土的幼芽，便日就枯萎，这是有教育责任者所应反省自责的。

我们要承认：一个人除非全魂气断，他决不能无感，除非白痴痼疾，他决不能无思。小孩在婴儿时期便会饥啼饱嬉，这便是感；稍长，对于宇宙万类好发疑问，这便是思。年齿日增，便会从切身的感扩充到泛然的感，从具体的思到抽象的思。大诗人，大哲人，也无非由此作出发点。年龄有长幼，经验有浅深，然其能感能思是一样的。如果年龄愈长，愈变成木然无感，或茫然无思，那轻者也是失心，重者即成狂易，是不能不深长思的。

何以有此木然无感或茫然无思的现象呢？第一，是由于愚蔽。《论语·阳货》篇，孔子对子路所说的六言六蔽，仅指不好学之失；到了《荀子·解蔽》篇，历数欲、恶、始、终、远、近、博、浅、古、今之蔽，而总结之曰：“凡万物异则莫不相为蔽，此心术之公患也。”对于愚蔽之病可谓剖析入微了。大抵愚蔽之患，起初或因知识短浅，见闻隘陋；或因先入为主，固执成见，因而对于相异之境，或相违之说，惮于理会。再加上怙过妒能的心理，如荀子所说“私其所积唯恐闻其恶也，倚其所私以观异术，唯恐闻其美也”。便对于异己之境，更不屑于究心。久而久之，于此相违相异之对象，亦遂淡忘。宇宙之大，只有那一点便于己者常在目前。如荀子所说：“心不使焉，则白黑在前而目不见，雷鼓在侧而耳不闻，况于使者乎？”如《礼记·大学》篇所说：“心不在焉，视而不见，听而不闻，食而不知其味。”即是指此愚蔽的状态。实际上，不能周知遍感的人，对于那便于己之一点，亦未必能有所获，所感所思，不过妄心所造之幻境而已。这样的人在他自己未尝不自觉有感有思，但在旁人眼中，只觉其麻木偏枯，私小愚暗，如古人所说的“越人视秦人之肥瘠，漠然无所动于中”；如说有白昼攫金于市者，问之，曰：“只见金不见人。”便都是这一类。这样的人，当境了知，和泛应曲当的良能，早不可见了。

本此道理来检讨我们的国文教学，如果教师选材溺于一偏之说，使学生没有比长絜短的机会；或命题多强制性，使学生只许复述旁人的话，这便是愚蔽教育。学生的良知良能，日就澌灭于无形，如何还有能感能思的力量！在教师未尝不自矜曰：“我善治马，”而不知“马之死者，已过半矣”！

无感无思之患的第二个原因是由于戕贼，这在《孟子·告子》篇“牛山之木尝美矣”一章说的最透澈。大抵嗜欲深者，天机必浅，《礼记·乐记》所谓“夫物之感人无穷，而人之好恶无节，则是物至而人化物也”，最能说明外重内轻的情状。凡背性从习，或委心逐物，最初未尝不受良知的责备；倘不能如陶渊明的“贫富常交战，道胜无戚颜”，久之必不自胜。通常所谓习非成是，在日趋偏蔽者不能自知也。孟子有云：“向为身死而不受，今为宫室之美为之；向为身死而不受，今为妻妾之奉为之；向为身死而不受，今为所识穷乏者得我而为之；是亦不可以已乎？此之谓失其本心。”人到了失其本心，则亦块然一物已耳，尚有何能感能思之可言！如俗说走肉行尸，酒囊饭袋，即言其已经化物。人而化物，虽云未死，同物化也就差不多了。

本此道理来检讨我们的国文教学，如果教师选材溺于功利之说，使学生总是从利害上计较打量；或命题多引起学生的得失之念，使青年养成贪竞之习，这便是物化教育。在这样教育之下的学生，真所谓“民不见德，唯乱是闻”，其溺于小利，蔽于近习，志趋日卑，品格日下，是必然的结果。除身家性命外，尚何所感？除患得患失外，尚何所思？

清儒对于治学有两句常说的话，是“不以人蔽己，不以己自蔽”，青年的心理大都单纯，以己自蔽的毛病较少，以人蔽己的机会较多。上文所说的国文成绩空洞糊涂，未必全是学生之过，教师的诱导，家庭的习染，社会的熏陶，有形无形中都在助长愚蔽，从事戕贼，使青年尚未发蒙，即遭桎梏。天下惨痛之事，无有过于此者！国文之低劣，不过其着见之一端而已。

但青年却不能以此自恕，把一切过错推给家庭、社会和教师。因为良知、良能，吾生本具，二十岁左右的人，还不知道努力去夫外诱之私，充其本然之善，其人之多欲无刚，已可概见。个人是不能不痛自克责的。

在这里我愿与所有学国文的同学，共同忏悔反省，改过自新，商量一个办法，使我们的生命活泼新鲜，刚健有力，无思不睿，无感不通。庶几乎空洞者化为充实，糊涂者变成明白。敬贡愚见，就正高明：

愚蔽之病的对治，《荀子·解蔽》篇说的最好，其言曰："故治之要在于知道。人何以知道？曰：心。心何以知？曰：虚壹而静。"这"虚壹而静"便是先哲对治愚蔽的共同下手处。荀子自己解释说："不以已所臧（藏）害所将受谓之虚。不以夫一害此一谓之壹。不以梦剧乱知谓之静。"又说："虚一而静谓之大清明。万物莫形而不见，莫见而不论，莫论而失位。"这便是宋儒所谓"廓然而大公，物来而顺应"。盖公则生明，明则能照，其在孔子，则曰："毋意，毋必，毋固，毋我。"又说："我有知乎哉？无知也。有鄙夫问于我，空空如也，我叩其两端而竭焉。"其在《易传》，则咸之象曰："山上有泽，咸。君子以虚受人。"《系辞》也说："易无思也，无为也，寂然不动。感而遂通天下之故，非天下之至神其孰能兴于此！"《老子》更是"致虚极，守静笃，万物并作，吾以观其复"的。《大学》也说"知止而后有定，定而后能静，静而后能安，安而后能虑，虑而后能得"。所谓空虚，所谓寂静，都是浑然天理的气象。以此感物，则无感不通，于以成同体之仁；以此致思，则无虑不得，于以成遍照之智。其心既虚明光大，其言自有物有则了。

用浅喻来说明此理，则虚静能感之心，恰如一面明镜，物来必照，影过不留，故能日用不穷，千古常新，所谓“明镜不疲于屡照”。如此心不虚，以己所藏，害所将受，则恰如照像的胶片，一照之后，即永留不退，屡照不已，势非全面模糊不可。这样，即万理森著于目前，也不能感他毫末，更无论所感之真伪浅深了。复次，以此虚静之心了知万物，则必能发见宇宙人生俱在一大矛盾中，于此矛盾有所未安，即必蓄疑求解。及旧疑既解，即新疑又生，解亦无穷，疑亦无穷，然执简御繁的明觉，即此亦日益浚发。《洪范》所谓“思曰睿，睿作圣”，即是思的完成；而程伊川先生所谓“学者须先会疑”，亦即思的下手处。如不能虚心会理，执成见以蔽通途，事穿凿以违大道，非面墙而立，即逐妄失心，势非捷径窘步不可，更说不到事理圆融了。

学者如能照上文所说，自解其蔽，自致通途，纵不能即跻通人，至少亦可免为一曲之士。其发为文辞，则写感必能亲切动人，抒思必能独申己见。因为他的生命已是活泼新鲜，刚健有力，英华发外者，自会远于鄙倍了。

戕贼之病的对治，《孟子》“养心莫善于寡欲”一章说得最好。孔子也说：“吾未见刚者。”或对曰：“申枨。”子曰：“枨也欲，焉得刚！”又说“刚毅木讷近仁。”孔子如此的重视刚德，即因为刚是不为物役的气象。《孟子》“鱼我所欲也”章，“仁，人心也；义，人路也”章，“今有无名之指曲而不信”章，“拱把之桐梓”章，“饥者甘食渴者甘饮”章，“齐人有一妻一妾而处室者”章，皆反复申明寡欲养心之旨，其言至为痛切。而孟子的气象，光明俊伟，洒落坚刚，其得力处在养气章中说得最为明白。凡利令智昏者，孟子叫他做“失其本心”，故屡说“大人者，不失其赤子之心”，又教人在“今人乍见孺子将入于井，皆有怵惕恻隐之心”处体察四端之发见。又说：“学问之道无他，求其放心而已矣。”盖能集义，则其心日益公明，公明则流行不滞，光景常新，随其所感，皆如乍见。此心常为主宰，义尚不能袭取，而况于物，安能为累？由此充实光辉，以至于其气浩然，则至大至刚，感而遂通天下之故。以此至大至刚，俯察群伦，则知言自是分内之事，也就是荀子所谓“万物莫形而不见，莫见而不论，莫论而失位”，正是良知遍照的境界。要知必须先有孔子“饭疏食，饮水，曲肱而枕之，乐亦在其中矣；不义而富且贵，于我如浮云”的洒脱，才能有“不曰坚乎，磨而不磷，不日白乎，涅而不缁”的纯粹，必须先有孟子“生我所欲也，义亦我所欲也，二者不可得兼，舍生而取义者也”的坚决，才能有“富贵不能淫，贫贱不能移，威武不能屈”的俊伟。究其原皆以寡欲为入手工夫。

学者苟能照孟子所说“无为其所不为，无欲其所不欲”，则日即高明，感速思通，自然而至，更不患心为物役，沉滞昏蒙了。

解蔽近于省察，养气近于存养，看似两端实在是一件事；看似离学文较远，其实这才是学国文的根本功夫。古文家中，只有韩退之深明此意而实有诸已，虽所造未纯，而大体不差。盖修辞必以立诚为主，上述两点，正是立诚之事。诚则能动，是感之体：诚则能明，是思之体。诚立则无事不办矣。

照此工夫去培养我们的文心，则国文的教学法势须有一番改造。我觉得学生不能在两小时内作文一篇，不是什么严重的事；而言不由衷，敷衍陈说，才是大不得了。国文教师似应采取图画一课的教法，教学生多写生，多作小幅素描，如杂感、短札之类，无所为而为，才是发露中诚的好机会。老子说，“信言不美，美言不信”，教初学应令其多作信言，少作美言。待其真积力久，弘中发外，则斐然成章，并非难事。否则不免于自欺欺人，如涂涂附，描头画角，优孟衣冠，那国文的前途，真不堪设想了。

二十九年（1940）八月三十一日在本校（西南联合大学）师范学院国文学会夏令讲习会讲。[1]

① 编者按：此文原发表在《国文月刊》第1卷第3期，1940年10月16日出版。

五　国文教学与人格陶冶

甲　过去的检讨

（一）学校商业化的由来

“学校商业化”成了近年来大家注意的严重问题，主要的是感觉到学校中师生的关系日趋澹薄，教员拿“知识”换钱，学生拿钱买“知识”，交易而退，各得其所，全无人格上的陶熔感化，失去了教育的意义，只剩下知识的传习。

但社会上一种病态或弊端，决非凭空而来，都有它们不得不然的原因在。学校的商业化，就因为中国今日的学校制度，完全抄自以工商业立国的近代西洋文明国家。

大家都知道，近代的西洋学校制度，是由中古教会书院蜕化而来，虽社会工商业化，学校仍得保有其独特的风格，像中国近年来的毛病是不会有的。中国旧来家塾书院的“师严道尊”，本来也只有教育的意义而绝无商业的意味，但自“变法维新”以来，旧的制度都在根本扬弃中，“师严道尊”的意思，不复能在新学校制度中存在。加以农村经济崩溃的结果，父兄送子弟入学，主要的是为取得将来在社会上“谋食”的技能与资格。有如作生意的“下本钱”。学生入学，既不为“谋道”而来，其与学校的关系，恰如“置物瓶中，出则离耳”。除了以考卷换取学分，以学费换取文凭，殆不复知学校对于他还有其它的关系和意义。学校商业化，正是势所不得不然，教育的实施，正不得不减削其效力。

（二）公民训育与人格陶冶之不同

为了“人格陶冶”，从前的中小学，设有“修身”一课，大半由校长或学监担任，其效果如何，大家都知道的；然所讲的究竟还是些“嘉言懿行”。自“修身”改为“党义”，“党义”改作“公民”，训育主任除了宣传政治理论，执行学校规则，便什么也做不来，结果是和学生站在相对的地位。

教育本来以培养学生自发的向上心为其目的，所以内心的陶冶是教育的基础，而行为的规范和政治的训练乃是外面的工夫。所谓“乐由中出，礼自外作”。现在只有“外作”

的“礼”，而缺乏了“中出”的“乐”，致令学生知识的空虚有法填补，而内心的苦闷无人解决。“隐其学而疾其师，苦其难而不知其益”，就造成了今日师生间的游离状态。

但事实上学生的思想与感情总需要有所依止，在这方面比较关系最切的要算国文教师了。大半的中学毕业生，对于训育主任和公民教师，不见得有深厚的感情，而对国文教师，往往无形中受很大的影响。那就因为国文课本的内容，比较可以滋润青年们枯渴的心灵。所以在现制度下的学校，对于学生心理的陶熔，国文教师实负有很大的责任。

（三）近年中学国文教材之繁杂笼统

然事实上的结果则如何者？自民国七八年“国学书目”“青年必读书”的风气打开以来，二十年来国文的教材造成一种博而不专的现象。大学入学试验要考“国学常识”，高中的国文课就不得不教“学术源流”。选文标准，既要按文学史的次序每时代都得有“代表作”，又须按文体的分配各体平均。一方面要教文言，一方面又要教语体。散文之外，还得加些诗词。讲文之余，还得指示修辞和文法。教者张皇幽邈，脚乱手忙，学生坐席未温，浅尝辄止。试想如此一种“百科全书”式的选本，内容哪能不矛盾冲突？教者介于群言之间，不惜以今日之我与昨日之我宣战，或则弥缝调停，无可无不可。“大道以多歧亡羊，”学生以多方疑师。教材的无中心，造成学生思想的纷乱。教授目的的不确定，使学生无所适从。教授法不从专精纯熟方面下工夫，使学生对于读物永远得不到一贯的涵泳。文章尚且作不好，还谈得到什么人格的养成！

所以，在现在的学校制度未能改善以前，要求青年得到一点真实的内心陶冶，就非从国文教学根本下手不可！

乙　中国文化与士大夫

我们首先要问：“我们的青年究竟需要培养成一种什么样的风节？”

我们可以简单的答一句话：“我们需要养成一种纯正的中国士大夫。”

所谓“士大夫”，是“中国文化”里的中心主干，要明白“士大夫”的意义，就需要先明白“中国文化”是什么：

（一）所谓“中国文化”者

有些人根本否认中国有其自己的文化，以为：我们穿的是“胡服”，睡的是“胡床”，听的是“胡乐”。历史上文化交流的结果，所谓“中国文化”者，早已成为极不明确的名词。但我们这里所谓“文化”者，并不是指的一些具体的“文明”，乃是指的一民族自己的生活态度，中国人有其与西洋人不同的生活态度，那就是“中国文化”。

观察一民族的文化，首先应当明了这文化的由来。中国自殷周以来，建立了“以农立国”的基础，散漫的农村社会，形成了“安土重迁”的民族心理，造成了“家族本位”的社会组织。人与人之间，只有亲族的伦理关系，最远的推到朋友而止。天子号称“家天下”，也不过是把天下看成一个大的家族。君臣以义合，只不过是朋友的变相。力田，尽伦，长养子孙，生活便算圆满了。农业社会，三分靠人力，七分靠自然。农村的生活，最先感到的是自然界的伟大、和平和有秩序，尤有意味的是“万物并育而不相害”的一片生机。孕育在这种环境中的人类，除了力耕自足而外，如何与自然求谐和？成了唯一的人生目的。所谓“人法天，天法道，道法自然”，所谓“先天而天弗违，后天而奉天时”，成了人生哲学上最高的境界。反观其它动物界的搏击吞噬，同类相残，便憬然发生了“人之所以异于禽兽者几希”的觉悟。由此人的自觉，而有仁、义、礼、乐一套的理论与实施。

这一套“农本”“人本”的人生哲学，奠基于周，而完成于孔子，推阐于七十子以后的儒家，形成了三千年来的民族意识。只要中国的农村本位的社会没有根本的改变，则这一套文化的形式永远不会变更。至于“人的自觉”这一点，则更是几千年志士仁人出生入死拼命护持的所在，纵使粉身碎骨，也不肯为“禽兽之归”的。

以农村的自给自足形成了“寡欲知足”，以力求谐和自然，故极力裁制人欲，这样子是不会有长足进步的物质文明和工业制造的，因而也就免除了财富的兼并与经济斗争。以安土重迁故“不勤远略”，因而没有拓殖的欲望；固步自封是毛病，但也永远不会成为“帝国主义者”。以“人的自觉”老早成熟，故很早便脱离了宗教的束缚，因而像欧洲历史上宗教的黑暗和战争是没有的。“人本”的思想使得对人类只有文化的评价而无种族的歧视，“中国进于夷狄则夷狄之，夷狄进于中国则中国之”，因而养成了对于异族的同化力和大度宽容。记得严粲《诗辑》评《诗经》的周诗一句话说：“周弱而绵。”中国文化表面看来似乎是散漫而无力，但是这绵的力量却是屡遭侵略而终不灭亡的根源。

假使帝国主义的暴横残杀是人类文化的病态，则中国文化无论有什么缺点，其最后的核心到底是人类文化的正常状态！

代表中国经济层的是农民，代表中国文化层的便是“士大夫”，此外，兼并的豪商，独裁的霸主，都是中国人厌弃的对象。

（二）“士大夫”的历史及其前途

“士大夫”实在是中国文化的轴心，他的责任是“致君泽民”，“上说下教”。他一方面是民众的代表，一方面是政府的监督，而以尽力于“人伦教化”为其职志。自从东周政衰，世卿的制度崩溃，所谓“王官失守，学在私门”，有心的士大夫便以在野之身，积极的作“文化运动”，孔子便是这时代唯一的代表。但战国的局面，正在封建制度崩溃的前夕，诸侯[①]的军备扩张，造成了农村的破产。大都市“繁荣”的结果，增加了商人赚钱的机会。“士大夫”也者，没有了“代耕之禄”，不得不学商人的样，“挟策求售”，“曳裾王门”。读书人“商业化的结果”，造成了“游士”之风，贤如景春，也不免艳羡，称他们为“大丈夫”。秦始皇帝和李斯似乎很有办法，他们对付都市膨涨的办法，是“隳名城”。对付土豪的办法是“杀豪俊”。对付资本家的办法是“徙富豪十二万户于咸阳”。对付散兵游勇——不能归田的农民——的办法是“北筑

① 原刊误作“候”。

长城”“置戍五岭”。剩下那些剩余商品的“游士”，就只好活埋了。这种大刀阔斧的作法，在我们读春秋战国三百多年的历史头昏脑涨之余，诚然是一件快事；但可惜积极方面忘却了中国的社会基础是散在农村。中国文化的中心是仁义之道。结果，努力造成的一个集权的中央，不旋踵而遭遇了“散兵革命”。汉袭秦法。只有“重农”的一件事，却根本的挽回了当时社会的生机。惠帝的奖励“孝弟力田”，窦太后的“好黄老”，文景四十年的“与民休息”，恰是适合了中国社会的需要。在这里，贾谊、晁错的眼光，实在高过李斯。所以，在两汉四百年中朝廷上尽管宗室打外戚，外戚杀宗室，宦官又打外戚，外戚又杀宦官，而农村的基础和文化的根基却日见稳定。读书人以“居乡教授”作处士为荣，东汉的气节，在“士”的历史上造成了空前的好榜样。这样，刘家一姓的私事，才不至于动摇整个的社会下层。

董卓的“入卫”开创了中国历史上的军阀专政之局，曹氏、司马氏，以及宋齐梁陈，刻板的在定型下互相抄袭，造成了几百年奸雄的历史。“处士”一变而为“党锢”，再变而为“文学侍从”，三变而为世族的“门客”。读书人的生活，从“居乡教授”到“运筹决策”，再到作“劝进表”，“加九锡文”，最后到“应诏咏妓”，南朝士人的身份降到无可再降。而隋唐之际一些来自田间的笃实之士，却在北朝异族的统治下培养出来，实在是一件很可伤心的事。

隋唐的科举，虽然造成了乞怜奔竞之风，但究竟在“白屋”中，拔出些“公卿”，读书人犹得以气类相尚。北宋的宰相，大半是寒士出身，眼光渐渐由都市转到乡村，使得久居被动的农村，又有独立自存的趋向。两宋理学家于“讲学”之余，大都注意到农村的组织和建设，如《朱子家礼》《吕氏乡约》，都是意义深长，有其远大的看法的。只可惜明清两代的八股科举，与腐败的胥吏政治相为因缘，造成了所谓土豪劣绅的一阶级，出则黩货弄权，处则鱼肉乡里，“士大夫”的意义，早已不复有人顾及了。

近三十年来读书人的现象大家都知道，不必再说；现在只须问一句话：“我们现在究竟是应该继东汉两宋之风而有所振拔呢，还是任着青年走战国、南朝和明清士人的旧路？”

迷途未远，近年来事实上的要求逼得朝野都有些觉悟，“复兴农村”，和“智识分子下乡”，已由理论渐进于实行，这正是我们垂绝的民族文化一线光明的展望。

（三）我们所需要的智识分子——“士”的风节

古曰“士大夫”，今曰“智识分子”，名实相类，而“智识分子”一名，实不足以尽“士大夫”之全。因为“士大夫”之所以为“士大夫”，在其全部的志事与人格，而“智识分子”仿佛只靠了有些“智识”可以贩卖。所以我们还是喜欢说“士大夫”，简称曰“士”，说“士君子”也好。

“士”是不事生产的，所谓“无事而食”。所以王子垫要问孟子“士何事”？而孟子回答的却是“尚志”。再问：“何谓尚志？”孟子的回答只是“仁义而已矣”，“居仁由义，大人之事备矣。”

原来士之所以为士，在其能以全人格负荷文化的重任而有所作为，所以说：“士不可以不弘[①]毅，任重而道远。仁以为己任，不亦重乎？死而后已，不亦远乎？”然必其先有自发的“志”，然后能有所奔赴，所以“尚志”是第一件事。能尚志必能“好学”，哪一段有所奔赴不容自已之情，便会使他“食无求饱，居无求安，敏于事而慎于言，就有道而正焉”。“谋食”、“怀居”的私欲减轻，那一副虚明刚大的胸怀便会“喻于义”，然后可以“见危致命，见得思义”，然后可以“托六尺之孤，寄百里之命，临大节而不可夺”。到了欲罢不能的时候，“无求生以害仁，有杀身以成仁，”是很自然

① 据今《论语》通行本改，罗庸原作“宏毅”。“宏”“弘”均释为“大”，意义相通。

的结果。但看“生我所欲也，义亦我所欲也，二者不可得兼，舍生而取义者也”。是一种甚么样的自然、洒落与坚刚！

“士”便是以这样的一种精神毅力“成己成物”、“立己立人”。有了这样的风节，无论从政、讲学，都会有一贯的内容和面目。有了这样的风节，自然对自己和社会有他的深到的看法与合理的安排。

中国民族便是在这样的一种风格的陶冶中出生入死支持它的生命到如今。为了负荷“人的自觉”的使命，受尽了“禽兽”的异族的蹂躏，而终究不沦于绝灭者，就在人类的向上心毕竟不会完全失掉；到了途穷思返的时候，中国文化正在以人类的正常态度和平而宽厚的等待他们。

这便是中国民族的自信力，而这自信力的培成，却全靠“士”以他的整个的人格来负担。

丙　诗教论

文化的推动，全赖推动者有所“自得”，而自得必由“自发”，所以教育对于学者内心的启发是唯一的工夫。《学记》说：“不兴其艺不能乐学。”孔子说：“兴于诗，立于礼，成于乐。”学者志气的激发，“诗教”又是第一步工夫。我们重视国文教学的意义在此。

(一)何谓“诗教”?

《礼记·经解》篇说:“孔子曰:‘入其国,其教可知也:其为人也,温柔敦厚,诗教也。疏通知远,书教也。广博易良,乐教也。洁静精微,易教也。恭俭庄敬,礼教也。属辞比事,春秋教也。’”这里易、书、礼、春秋四教,偏于理解和行为,只有诗乐二教是性情之事,所以孔子对于诗乐之教特别看重。他说:“小子何莫学夫诗?”又说:“人而不为《周南》《召南》,其犹正墙面而立也与?”乐教深远,姑且缓谈;单说诗教,它是教育上最有力的因素。

“温、柔、敦、厚,”即所谓“中和之德”,是人性之本然,而冷酷、僵木、轻浮、凉薄都是“失其本心”的状态。中国文化的根本下手处是教人“反身而诚”,而诗教便是“修辞立诚”之事。“唐棣之华,翩其反而;岂不尔思,室是远而。”孔子批评这诗说:“未之思也,夫何远之有?”便是因为它不诚,不诚便是“失其本心”。而《三百篇》大多是恳诚恻款,直抒性情之作,所以感人最深,文学的价值也最悠久。六经而后,“诗教”便成了中国文学的正宗。如章实斋所说,战国后的文体固然导源于《诗经》,就是后人的鉴赏文学,也是以“立诚”“感人”为根本原则。所以，不但雕章琢句言不由衷的文章不登大雅之堂。就是任情奔放之作也会遭明达的非议。真正大雅的文章，必是“仁义之人，其言蔼如也”的，才能使人感兴而反躬，复归于温柔敦厚，这正是中国民族的人生态度。

（二）诗教的实施与完成

在战国以前，诗教与乐教是不可分的，所以文学的教育是以音乐教育为其基础。性情的培养，志气的激发，主要靠了弦歌，所以孔子说：“兴于诗。”又说“诗，可以兴。”“兴”者，“志有所之而行欲从之”之谓，这时便须有以规范其行为，那就靠着“礼”了，所以又说“立于礼”，“不学礼，无以立。”但“礼自外作”，须由“勉行”而归于“安行”，这就靠了乐教为之溶冶和谐，使其“从志”，“制行”，到完全统一的人格，为一贯的施设。万不能“杂施不逊”，以至于“坏乱不修”。孔子便是这样一个自己把自己教育完成的人，自从十五“志学”便真能“兴”，到了三十便“立”了。此后“不惑、知命、耳顺”，一直到“从心所欲不逾矩”，便是“乐”之“成”。请看“发愤忘食，乐以忘忧，不知老之将至”是一种什么样的精神？再体味“喟然与点[1]”是一种什么样的境界。

诗乐之教既然不由外作，故必学者先能心有所存，然后可以如孟子所说的“以意逆志”，可以如子夏的“告诸往而知来者”。至于“博学而详说之，将以反说约也”，则孟子的“知人论世”是很必需的。

晋人是很会读书的，杜预《左传序》所说：“优而柔之，使自求之；餍而饫之，使自趋之；若江海之浸，膏泽之润，涣然冰释，怡然理顺，然后为得也。”和陶渊明的“好读书，不求甚解，每有会意，便欣然忘食”便都是“以意逆志”的自得之境。

孟子说得好：“自得之则居之安，居之安则资之深，资之深则取之左右逢其源。”这正是文学教育的正轨。

丁　一个具体的建议

（一）国文教材应有其自己的中心

古语说：“教无传疑，疑则不教。”国文教师本来应有其

① 原刊误作“默”。

自己的学养，以“立诚”的态度说由衷之言，才能以其所信使学生共信。现在的教法，说高一点是“代古人立言”，说坏了便是“应景做戏”，不但学生徬徨歧路，同时也毁坏了教师。所以，国文教师为了自尊和学养的进修，应该有独立的远大的眼光选一种不违“诗教”的教材，用自己的信心去施教。自然各人致力的方面和兴趣不必尽同，但传播中国文化的精神和培成士大夫这一个目标则必需一致。痛革从前趋风气、逐时尚的浮薄浅陋的毛病，和东扶西倒不能自立的病根，而为民族国家百年树人的大计下一番深沉反省的工夫。必能如诸葛武侯所说的：“庶几之志，揭然有所存，恻然有所感。”大本既立，则枝叶的小节自然不成问题。我渴望着有这样的一种教材，在各位会员的手中出现。

（二）国文与国史的沟通

帝国主义者灭亡人家的国家，必先使其人民忘记自己的历史，以消灭其民族意识。所以，一个国家假使不幸而亡国，只要其民族未忘国史，则必有恢复的一天。现在一般中学，关于国史的课，大半是形在神亡，国史与国文更少连络。以致国史变为枯槁的记诵，国文成了飘渺的虚谈。孟子说：“诵其诗，读其书，不知其人可乎？是以论其世也，是尚友也。”司马迁也说：“我欲托诸空言，不如见之行事之深切著明也。”一段国史，假令有一段好的文章陪衬着，便异常感人；一篇国文，如能与其有关的史实相参证，便越加亲切。比如我们教一篇《鄘风》的《载驰》，空洞的说说许穆夫人，甚至牵扯到中国妇女文学史，那就越说越远。假如我们先讲《左传》闵公二年冬十二月狄人伐卫，把《载驰》插在当中，而以“卫文公大布之衣”一段作结，便丰富得多。若是音乐教师再能把《载驰》谱出，那末，唱过几遍后便连《左传》也永远不会忘的。这方法国内似乎还少有人注意到，而我们的敌人却早已实行了，在日本有些高等女校用着一种当作汉文教本的书，叫做《靖献遗言》，内容从《离骚》选起，如诸葛武侯《出师表》，岳武穆《五岳祠盟记》、《满江红》词，谢翱《西台恸哭记》等，篇幅并不很多，但每篇前后都附载史事。如《五岳祠盟记》前面就先载《宋史·岳飞传》，《通鉴》中宋金和战的记载，然后是《盟记》本文，文后附王船山《宋论》，再后便是编者的意见，大意总是说：支那是劣等民族，历史上虽有些忠臣义士，但结果是奸人得势，忠臣失败。我们大和民族要学忠臣的样，而支那人总不免是汉奸云云。这书在汉文教本里有相当势力，而我们却连这样的教本都没有，甚至于有些中学生连六朝五代的先后都分不清。

在云南有些位中学国文教师是兼教国史的，我认为这是很好的机会，可以无所牵碍的把这一个责任负起来。

（三）打成一片的国文教学法

文学本来是极活泼的东西，其所寄托在文字，而本身却散在生活的各方面。假如上堂就有国文，下堂就没国文，那就失去了国文的目的。在这里，我且提出两条教学法的改造，供各位参考：

一、教师的言行与教材内容打成一片。古人说："以身教者从，以言教者讼。"国文教学虽然是言教，但教师对于所选的教材如能身体力行，则学生在观感上所得的影响，自较说空话所得为多。同时教师也可以即教即学，把自学与教人打成一片，实际上收教学相长之益，而学生尊师敬业之意也可日益增高。

二、课内教学与课外生活打成一片

广义的说，生活即是艺术，学文学的人如不能"变化气质"，纵使文章作得好，也与学问无关。所以国文教学对于学生课外的生活要能随时启导，如能作到以教材证实生活，自然最好；即不然，也要因时因地与以文学的陶熔。照我的意见，教师应于课堂外多与学生共处、旅行、看报、待人、接物，随时授以活的教材。日记的督促和批改是很必要的，在这里可以看出学生生活的实况，而与以实际的纠正与充实。如此，则课卷呆板的方式可以得到合理的替换。还有一种副收获，即应用文件体裁的说明和训习可以不必再设专科。此外书法和文学方面的艺术的需要，也可以随时指导，语言的练习也可以在“水边林下”养成。

照我个人的看法，国文教学与人格陶冶实在只是一件事的两方面，但要真能做到圆满，就非国文教师先对于中国文化有清楚的了解，并真能自己具有士大夫的风格不行。

“其身正，不令而行；其身不正，虽令不从。”录“有诸己而后求诸人，无诸己而后非诸人。”个人愿与诸位共同向这方面努力！

二十七年（1938）八月在云南省立
中等学校教职员暑期讲习会讲。[①]

① 编者按：此文原刊《云南教育通讯》第廿五、廿六、廿七合刊，1939年4月1日出版。

六　诗人

这是一个很陈旧的题目，已经有许多人讲演过或作过文章。我所以还要讲这个题目，只不过想述说自己的一点看法。我根本不懂外国诗，也不大懂中国的新诗，这里所谈，大半是根据中国旧诗而说的。

诗人一名，大概在战国时就有了。《楚辞·九辩》："窃慕诗人之遗风兮，愿托志乎素餐。"从此便成为两汉人习用的名词。

辞赋兴起以后，又有了"辞人"一个名词，与诗人相对。扬子《法言·吾子》篇："诗人之赋丽以则，辞人之赋丽以淫。"足见汉人把诗人看得很高。

六朝人尊视屈赋，以为上不类诗，下不类赋，于是又造了"骚人"一个名词。昭明太子《文选·序》说："又楚人屈原，含忠履洁，君匪从流，臣进逆耳，深思远虑，遂放湘南。

耿介之意既伤，壹郁之怀靡愬，临渊有《怀沙》之赋，吟泽有憔悴之容，骚人之文，自兹而作。”后人遂以骚人之文，与变风变雅等量齐观。李白《古风》：“龙虎相啖食，兵革逮狂秦。正声何微茫，哀怨起骚人。”正袭《文选·序》之意而来。大致自战国至盛唐，诗人骚人，始终是很尊贵的名词。

宋代以后，忽然又有“墨客”一个名词出来，与骚人相对待。这名词不知始见何书，但彭乘的笔记就题名《墨客挥犀》。自从这名词出来以后，凡能作两句歪诗者，就都以骚人墨客自居。其名愈俚，其实愈滥，几至不可究诘。但有一件事是好的，便是从此很少有人唐突诗人这一个尊称。

近二十年来，新诗发生，由外国诗的影响，诗人一名，才又在新文坛上出现。于是，凡有一两本诗集出版者，大家便群以诗人呼之。诗人一名，几乎代替了当日的骚人墨客。

我不知道在外国是否应当如此，若在中国，诗人一名，是不应该如此滥用的。

所以，诗人这个题目，有重讲一次之必要。

记得闻一多先生在一篇文章里曾经说过，“诗”和“志”古来本是一字，志就是史志，所以诗人也便是史官。这话非常确切。《毛诗·关雎序》说：“至于王道衰，礼义废，政教失，国异政，家殊俗，而变风变雅作矣。国史明乎得失之迹，伤人伦之废，哀刑政之苛，吟咏情性以风其上，达于事变，而怀其旧俗者也。”孟子也说：“王者之迹熄而诗亡，诗亡然后春秋作。”可见诗之用即史之用，诗人也就等于秉笔的史官。

史官是多识前言往行的，所以诗人必须是蓄德的君子。《易·大畜》象辞：“天在山中，大畜。君子以多识前言往行以蓄其德。”《小雅·四月之卒》章：“君子作歌，维以告哀。”这作歌的君子，便是诗人。

多识前言往行以蓄其德，便是博文约礼的工夫，《论语·雍也》篇：“子曰：君子博学于文，约之以礼，亦可以弗畔矣夫。”颜渊赞叹孔子，也说：“夫子循循然善诱人，博我以文，约我以礼。”所以诗人必须好学下问，虚己受人，内之为集义择善之资，外之为鉴往知来之助，迨其深造自得，由博反约，自然卓尔有立，笃实光辉。诗人之大本大源，全在于此，试看大小雅里那些忧时念乱的诗人，哪一个不是多识前闻，强立不反的？如《大雅·召旻》之五章：“维昔之富不如时，维今之疚不如兹。”七章：“昔先王受命，有如召公，日辟国百里；今也日蹙国百里。于乎哀哉，维今之人，不尚有旧！”如《小雅·小旻》之四章：“哀哉为犹，匪先民是程，匪大犹是经；维迩言是听，维迩言是争。如彼筑室于道谋，是用不溃于成。”如果不是娴习史事，深明于治乱之故，如何说得出来？就是屈原，也是因为“明于治乱”，才能坚决地说：“彼尧舜之耿介兮，既遵道而得路；何桀纣之猖披兮，夫唯捷径以窘步”的。后世诗人，如陶渊明，也是“历览千载书，时时见遗烈”，才能“高操非所攀，深得固穷节”的。如果德之不修，学之不讲，闻义不能徙，不善不能改，纵令终日俪白妃青，嘲风弄月，正是孔子所谓“群居终日，言不及义”者，如何算得诗人。

君子是“无终食之间违仁”的，所以诗人必须纯是一片民胞物与之怀。因为仁者是“己欲立而立人，己欲达而达人”的，视天下一物未康，即亏吾性，才能够同天下之忧乐，忘一己之得失，此非真能克己复礼者不知也。三百篇之伟大不可及，正在此处。如《大雅·民劳》：“民亦劳止，汔可小康。惠此中国，以绥四方。无纵诡随，以谨无良。式遏寇虐，僭不畏明。柔远能迩，以定我王。”如《小雅·节南山》之五章：“昊天不佣，降此鞠讻。昊天不惠，降此大戾。君子如届，俾民心阕。君子如夷，恶怒是违。”以及《大雅》的《板》《荡》，《小雅》的《正月》《十月之交》《雨无正》《小旻》各篇，莫不悃诚恻怛，字字血泪，而绝与作者个人之得失荣辱无关。自诗教废坏，作者之心量日狭，蔼然仁者之言，日以少见，除了《离骚》的“长太息以掩涕兮，哀民生之多艰”，杜子美的“穷年忧黎元，叹息肠内热”，颇得诗人之旨外，如阮籍《咏怀》，陈子昂《感遇》，元白《新乐府》，只算得“其余则日月至焉而已矣”。此外硁硁自守，归洁其身者流，都只算得自了汉，不得称为诗人的。如终日孜孜，只在自身利害上打妄想，便是不仁之甚，所谓哀莫大于心死者，此正诗人之所悲愍，又如何算得诗人！

多识前言往行便能彰往察来，所谓因革损益，百世可知，才能于其所学，确然不惑，所以诗人必须是事烛几先的知者。因为真能克己复礼者，必能寡欲养心，此心不为物蔽，则深静虚明，无微不照，所谓至诚之道，可以前知也。如《小雅·正月》之四章：“瞻彼中林，侯薪侯蒸。民今方殆，视天梦梦。既克有定，靡人弗胜。有皇上帝，伊谁云憎。”如《魏风·园有桃》：“园有桃，其实之肴。心之忧矣，我歌且谣。不知我者谓我士也骄。彼人是哉，子曰何其。心之忧矣，其谁知之？其谁知之，盖亦勿思。”所谓“视天梦梦”、“其谁知之”，皆众人皆醉、诗人独醒之境。以一醒处众醉，虽大声疾呼，终无救于沦胥，此千古人类之悲剧也。屈原最能不疑于其所行，所以《离骚》里一再地说：“瞻前而顾后兮，相观民之计极，夫孰非义而可用兮，孰非善而可服？”“惟夫党人之偷乐兮，路幽昧以险隘，岂余身之惮殃兮，恐皇舆之败绩。”真可谓掬出肝胆。此后如杜子美的《自京赴奉先县咏怀》《悲陈陶》《悲青坂》《留花门》，白乐天《新乐府》里《立部伎》《时世妆》各篇，都有见微知著的意思，去风雅未远。诗人之即为哲人，正在此处。若乃奄然媚世，随波逐流，甚至长君之恶，文过饰非，则是侧媚小人，曾俳优之不若者，又如何算得诗人！

知者必不惑，仁者必有勇，所以诗人必能以天下为己任。孔子的“吾岂匏瓜也哉，焉能系而不食”，孟子的“如欲平治天下，当今之世，舍我其谁”，最能见此精神。屈原的“乘骐骥以驰骋兮，来吾道夫先路”，“忽奔走以先后兮，及前王之踵武”，“怀朕情而不发兮，余焉能忍与此终古”，更纯是一片迈往之怀。盖有猷有守则必欲有为也。但必须真是能知能仁，才不是欺人之谈，否则徒作大言而已。如杜子美的“许身一何愚，窃比稷与契”，“致君尧舜上，再使风俗淳”，大概还有几分把握；像李太白的“我志在删述，垂辉映千春。希圣如有立，绝笔于获麟”，恐怕便是无验之谈了。后之作者，或离群绝世，甘自隐沦，或猖狂妄行，大言欺世，都是不得中行，有违敦厚温柔之旨，都算不得诗人的。

唯仁者能好人，能恶人，所以诗人对于并世的小人，十分痛恶。如《小雅·巷伯》之六章：“彼谮人者，谁适与谋？取彼谮人，投畀豺虎；豺虎不食，投畀有北；有北不受，投畀有昊！”如《鄘风·相鼠》之卒章：“相鼠有体，人而无礼；人而无礼，胡不遄死！”表面看来，似乎疾恶太严，实则正是诗人的好仁之验。孔子说：“我未见好仁者，恶不仁者。好仁者无以尚之，恶不仁者其为仁矣，不使不仁者加诸其身。”屈原是疾恶如仇的，但比《巷伯》《相鼠》的诗人就敦厚多了，《离骚》只不过说：“众皆竞进以贪婪兮，凭不厌乎求索，羌内恕己以量人兮，各兴心而嫉妒”而已。后世诗人之刺时，或隐晦其词，或间杂比兴，终莫敢直谏，然犹不免以文字取祸。讽谏之义，遂不得不与日俱衰了。

好善恶恶便是“直道而事人”，那结果是“焉往而不三绌”，所以诗人往往不谐于时，不是放逐迁流，便是穷而在下。诗人怀了一腔忠悃，所遇到的是冷水浇头，悲愤怨诽是当然的事。但诗人是温柔敦厚的，哀乐不过其中，所谓“国风好色而不淫，小雅怨诽而不乱”。所以孔子说：“小子何莫学夫诗，诗可以兴，可以观，可以群，可以怨。”在文学上讲，这不乱的怨诽，感人更深。如《邶风》的《北门》：“出自北门，忧心殷殷，终窭且贫，莫知我艰。”可算得怨了，但他下面却说：“已焉哉，天实为之，谓之何哉！”如《鄘风·柏舟》的“母也天只，不谅人只”，《卫风·氓》的“反是不思，亦已焉哉”，都是忠厚之至的。因为诗人是躬行忠恕的，绝不怨天尤人，但责之于己者却是十分鞭辟入里，所谓反身而诚也。大概诗人于行有不得处，则必自反，这便是克己工夫。自反而仁，而有礼，而忠，则俯仰无惭，益坚自信，其发于诗者，必是峻峭壁绝，不磷不淄。三百篇里忠臣烈女的作品，没有一篇不是至大至刚的，如《邶风·柏舟》之三章：“我心匪石，不可转也。我心匪席，不可卷也。威仪棣棣，不可选也。”《小雅·十月之交》之卒章：“悠悠我里，亦孔之痗。四方有羡，我独居忧。民莫不逸，我独不敢休。天命不彻，我不敢效我友自逸。”无一不足以廉顽立懦。屈原的《离骚》，这态度尤其鲜明，如说：“忳郁邑余侘傺兮，吾独穷困乎此时也。宁溘死以流亡兮，余不忍为此态也！”又说：“民生各有所乐兮，余独好修以为常。虽体解吾犹未变兮，岂余心之可惩！”千载之下读之，犹为神往。后世的诗人，只有渊明的“且共欢此饮，吾驾不可回”，子美的“居然成濩落，白首甘契阔。盖棺事则已，此志常觊豁”，犹有诗骚遗意。盖克己复礼便是无欲则刚，而刚毅木讷，亦即仁之发露。自学与文离，能躬行者未必能诗，能诗者未必有行，风人日少，诗教日衰，一切都说不上了。

诗人到了“宁溘死以流亡”，不但亢龙有悔，简直剥床及肤了，这时旁观者本其爱护之心，必然替他想法开些门路。最简单的办法是贬节，如陈代劝孟子枉尺应辱，女嬃戒屈原婞直亡身，田父劝渊明“一世皆尚同，愿君汨其泥”，都是这一类。诗人之究为苏武抑为李陵，都在此一念之间。我们不能如渊明的“贫富常交战，道胜无戚颜”，则一失足成千古恨，也不是很难的事。其次的办法是隐沦，如楚狂接舆、长沮、桀溺之讽孔子。再次的办法是去而之他，如灵氛告屈原的吉占。大概战国的游士都是走灵氛的路，自好的诗人，都是走长沮、桀溺的路，《卫风·考槃》便是这一类。这一类在中国文学史上为数独多，所谓穷则独善其身者是。如王维《终南别业》诸诗，清则清矣，恐怕去仁日远了。

《礼记·经解》篇说：“诗之失愚。”孔子又说：“好仁不好学，其蔽也愚。”在歧路上的诗人，如果不能以好学的知来调理力行的仁，则眼前只有杀身成仁之一途，屈原便是走的这一条路。在他自己是求仁得仁，一切圆满；但揆之以仁者不忧之义，屈原又只能称为骚人了。

仁者何以能不忧呢？孔子曰：“乐天知命，故不忧。”自经沟渎的匹夫，大半是硁硁自守的狷者。若说到无入而不自得的境界，则自杀犹为苟免于时也。直是自强不息，与天合德，才得超凡人圣。古今诗人，只一渊明到此境界，但看“栖迟固多娱，淹留岂无成”，是何等自知？“脂我名车，策我名骥，千里虽遥，孰收不至，”是何等自勉？“此中有真意，欲辩已忘言，”又是何等自得？以视子美的“自断此尘休问天，杜曲幸有桑麻田”，“问法看诗妄，观身向酒慵”，何啻霄壤！到此境界，诗人亦即是哲人了。

本来，整个的宇宙人生即是艺术，圣贤豪杰、忠臣孝子、诗歌、戏曲、音乐、国画、建筑、雕刻，不过是表现的方法不同而已。诗人所用的工具便是有韵律的文字语言。有些人一生的历史便是可歌可泣的一篇诗，但我们不称他为诗人，就因为他不是用诗的文字表现自己的。所以诗人对于自己所使用的语言文字，必须令其技术精熟，得心应手。这也便是多识前言往行的自然收获，所谓“别裁伪体亲风雅，转益多师是汝师”也。能仁便能与物同体，杜子美的“黄莺并坐交愁湿，白鹭群飞太剧干”，姜白石的“数峰清苦，商略黄昏雨”，皆是此境。识此则鸢飞鱼跃，无物不活矣。此心能虚静则能体物入微，杜子美的“仰蜂粘落絮，行蚁上枯梨”，“细雨鱼儿出，微风燕子斜”，绝不同于纤巧小家，即在其能静观自得，非刻意求之也。能写静态者必能写动态，杜子美的《茅屋为秋风所破歌》，“茅飞渡江洒江郊，高者罣罥长林梢，下者飘转沉塘坳”，三句中用了八个动词；李太白的《战城南》，“乌鸢啄人肠，衔飞上挂枯树枝”，两句中用了四个动词，在他人罕能有此，实在都由静观而来，杜子美所谓“静者心多妙”也。能写物态者必能写事态，如子美的《新安吏》《石壕吏》《兵车行》，亦不过是写茅屋秋风的一副眼光。能写事境者必能写情境，子美的《无家别》《垂老别》，和《梦李白》比较，初无亲疏彼我之分，爱人如己故也。能写情境者必能写理境，子美的“水流心不竞，云在意俱迟”，何遽不若“三夜频梦君，情亲见君意”也。

所以，一切学问的入手处，如能从根本中来，则振本而末从，知一而万毕。学诗若先从词华技巧上着手，便是已落二乘，况下于此，其何以自致于高明?

上来所讲，似乎陈义太高，使人不可企及；然取法乎上，仅得乎中，在此诗教废坠之秋，介绍一点先民典型，也是分内之事。所谓“中道而立，能者从之”，当仁不让，是在达者。

三十一年（1942）四月十五日昆明。

右稿系应西南联合大学某学术团体之约，为一次公开讲演而作。嗣讲演未举行，可稿已草就，因用于《国文月刊》。自记。[①]

① 编者按：此文原刊《国文月刊》第18期，1942年2月16日出版。

七　思无邪

几年前，在杭州，偶然和友人戴静山先生谈《诗经》，说起《论语·为政》篇“诗三百，一言以蔽之，曰：思无邪”这一章，觉得不容易用浅喻一语道破。古今善说此章者无如程子，那是再简要没有了；却被朱子引作旁参，《集注》里还是说使人得性情之正一类的话。清代汉学家说《鲁颂》，更多新解，但和《论语》此章大义，全无关涉；也许《鲁颂》的“思无邪”另有本义，但至少孔子引用时，已非旧义了。《集注》立意要圆成美刺法戒之说，却无意中已落到“道着用便不是”的地步。我以为最好还是程子的话：“思无邪者诚也。”这真是一语破的之论。以质静山先生，颇以为然。

越年夏，住在北平的香山，记起数年前和友人谢似颜先生说过的一段戏谈，正不妨翻转来说明此义。当时便想把这一段意思写出来，却始终没有动笔。

其后卧病西湖蓬庐家中，随手翻阅《朱子语类》，发现说此章的十几条中，先后颇不一致。如有一条是：

“问：‘思无邪，子细思之，只是要读诗者思无邪。’曰：‘旧人说似不通，中间如许多淫乱之风，如何要思无邪得？如止乎礼义，中间许多不正诗，如何会止乎礼义？怕当时大约说许多中格诗，却不止许淫乱底说。’”

照此解释，如何还是“诗三百，一言以蔽之”呢？但后来说法就变了，如另一条说：

“思无邪乃是要使读诗人思无邪耳。读《三百篇》诗，善为可法，恶为可戒，故使人思无邪也。若以为作诗者思无邪，则《桑中》《溱洧》之诗，果无邪耶？某诗传去小序，以为此汉儒所作，如《桑中》《溱洧》之类，皆是淫奔之人所作，非诗人作此以讥刺其人也。圣人存之，以见风俗如此不好，至于作出此诗来，使读者有所愧耻而以为戒耳。”

此外如说“淫奔之诗固邪矣；然反之则非邪也。故某说其善者可以感发人之善心，恶者可以惩创人之逸志”。如说“《集注》说要使人得情性之正，情性是贴思，正是贴无邪，此如作时文相似，只恁地贴方分晓”。都是要维持那一贯的法戒之说，实在和三百篇当谏书相去无几。《集注》虽不废程子之说，但《语类》里对于问程子之说的，却不免支离其词，泛然答应。如说：

“思无邪不必说是诗人之思及读诗之思，大凡人思皆当无邪。如毋不敬不必说是说礼者及看《礼记》者当如此，大凡人皆当毋不敬”。

便几乎与本题无关了。只有一条似略近程子之意，但嫌用力太过，然法戒之说没有了却是好的：

“问：‘《诗》说思无邪，与《曲礼》说毋不敬意同否？’曰：‘毋不敬是用功处，所谓正心诚意也。思无邪思至此自然无邪，功深力到处，所谓心正意诚也。’”

这便比以前的许多话直捷平易得多了。尤其是“自然无邪”四个字，当颇有所见。可惜诗三百的作者未必都是功深力到者，则此段所说，还是贴读者一面为多。《集注》既成显学，连这些话都少人注意了，致令法戒之说，一脉独传，历数百年而无异论。

说古书只要少存些春秋为汉制法的意思，葛藤便会剪除不少。况且《论语》本文只说“诗三百，一言以蔽之，曰：思无邪”，并未说“其义使读者归于无邪”，则美刺法戒之说，于何安立？

所以思无邪最好就是思无邪，不须旁征博引，更不须增字解经，若必须下一转语的话，那么，“思无邪者，诚也”。

记得几年前有一位学体育而嗜好文学的朋友谢似颜先生和我谈文学。他说：读一篇好的文章，确有如珠走盘之感；坏的文章便只觉得直率呆板，没一点灵活。我道：我从前有一种说法，我戏称它为“几何文学论”：那有句无章的文字，譬如许多点，勉强联起来也不成贯串，《文心雕龙·附会》篇所谓“尺接寸附”者是也。有章无篇的文字譬如线，《文心·章句》篇所谓“跗萼相衔，首尾一体”，只是不脱节而已。成篇的文章譬如面，《文心·熔裁》篇所谓“三准既定”的文字便是。等到横看成岭侧成峰，那便是立体的文字了。工夫再深些，笔势圆转到成了球体，那就如珠走盘了。

这原是一段笑谈，但不妨借来说明文学外形的工拙。至于思无邪，诚，却是文学内在的境界，其方向与此恰相背驰。

我们读一篇好的作品，常常拍案叫绝，说是“如获我心”，或“如我心中之所欲言”，那便是作者与读者间心灵合一的现象，正如几何学上两点同在一个位置等于一点一般。扩而充之，凡旷怀无营，而于当境有所契合，便达到一种物我相忘的境界，所谓“此中有真意，欲辩已忘言”，这便是文学内在的最高之境，此即诚也。诚则能动，所以文境愈高，感人愈深。

思无邪便是达此之途，那是一种因感求通而纯直无枉的境界。正如几何学上的直线是两点之间最短的距离一般。凡相感则必求通，此即思也，无邪就是不绕弯子。思之思之，便会立刻消灭那距离而成为一点。孔子说：“仁远乎哉？我欲仁，斯仁至矣。”孟子说：“思则得之，不思则不得也。”思得仁至，必须两点之间没有障碍不绕弯子才行。

“古之愚也直”，所以愚人是不会绕弯子的；“诗之失愚”，所以不绕弯子也便是好诗。绕弯子就是有邪，有邪就是未尝真思。

“唐棣之华，翩其反而，岂不尔思？室是远而。”孔子曰：“未之思也，夫何远之有！”其病就在绕了一个弯子。假如孔子有删诗的一回事，则此诗之逸，必是为了有邪无疑。

所以文字的标准只须问真不真，不必问善不善，以真无有不善故。天下事唯伪与曲为最丑，此外只要是中诚之所发抒，都非邪思，一句“修辞立其诚”而善美异矣。

性情的界域到直线为止，文学内容的界域也到直线为止，一人于面便是推理的境界，举一反三，告往知来，便都是推理之境，非复性情之所涵摄了。

理智到成了立体便是过剩，俗语说“八面玲珑”，即言其人之巧黠。成了球体便是小人之尤，元次山之所以“恶圆”，恶其滑也。

故文学内在之境以点为极则，文学外形之标准却要成球体，看似相反而实相成。盖文笔不能如珠走盘只是无力，而无力之故，由于内境之不诚，倘使一片真诚，未有不达者，达则如珠走盘矣。

所以思无邪不只就内容说，外形之能达实亦包括在内，此所以“一言以蔽之”也。

二十四年旧稿，二十九年十二月十七日重写于昆明，以付《国文月刊》。自记。[①]

① 编者按：此文原刊《国文月刊》1卷6期，1941年2月出版。

八　诗的境界

各位，今晚的讲题是“诗的境界”。

什么是诗的境界呢？我们平常游览一处名山胜迹，或是看到一所园林的布置，遇到赏心悦意的时候，常常赞美着说：“这地方颇有诗意。”苏东坡称赞王维，说：“观摩诘之诗，诗中有画。味摩诘之画，画中有诗。”这“有诗意”、“画中有诗”，即言其园林或绘画中含有诗的境界。

境界就是意象构成的一组联系。意象是一切艺术的根源，没有意象就没有艺术。照像馆里普通的摄影，虽然毫发毕肖，但我们不把它算作艺术品，就因为它缺乏意象。凡艺术必本于现实，而一切现实不得称为艺术者，就因为艺术是在现实上加了一番删汰拣择的工夫，又加了一番组织配合的想象。鉴赏艺术的人，所得的快慰，是在那一段表现的手法，而不在具体事物的本身。艺术家本领之高下，也就是手法的高下，这手法即是意象。意象构成一组的联系，浑全不可分地表现出来，便是境界。

现实有具体的存在，而境界则存于艺术家的想象中，所以它可以神变无方，不拘一格。尽管有美的现实，倘无艺术家的创造，便可以转神奇为臭腐；反之，尽管很平凡的事物，经过艺术家的创造，也可以化臭腐为神奇。所以，在一切的艺术中，现实的地位不过占十分之一，艺术家的手法却占十分之九。因此，我们可以说，境界是一切艺术生命的核心。

广义地说，文学也是艺术的一部门，只不过表现的工具不同而已。造形艺术所利用的材料是颜料或石膏，文学所利用的是语言文字。工具虽异，其所表现的境界则同。但是一切造形艺术非有具体的意境就无法表现出来，而语言文字则可以在不够具体或超过具体的程度中有所表现。所以，文学不离语言文字，而语言文字不就是文学。诗是最纯粹的文学，所以诗的境界也就是最纯粹的艺术境界。照此而论，诗就是艺术，应该没有问题的了，却不料问题更多。

原来诗除了意象以外，还有音律、格式，许多原素。意象的创造很难，而音律格式则学会甚易，许多没有境界的语言文字，也可以假借诗的形式表现出来。最明显的如“马医歌括”之类不用说了；便是略有境界而不够诗的程度的作品，也可以用诗的形式出现。因此，诗境的问题，也就头绪纷繁。

大概没有艺术修养的人，眼中所见，唯有物境。这和初有知识的小孩差不多，只会看见个别的具体事物，而不会说明物与物之间的关系。《声律启蒙》里的“云对雨，雪对风，大陆对长空”，便是一类。在坏一方面说，只会堆砌事物的绝不能叫做诗；在好一方面说，文人的本领有时也偏爱在此处出奇制胜。王褒的《僮约》，韩愈的《画记》，其所根据的只是一些具体的事物，但他们用一种巧妙的手法，把这些事物联络起来，便成为有组织的文章。然而毕竟无意味之可言。

比物境略高一筹的是事境，那是较为注意到物与物之间的关系而说明其联系者。笑话中说的：“檐前飞四百，楼上补万草。墙高猫跳‘咚’，篱密狗钻‘吭’。”便是这一类。大致长篇的赋往往利用这些字句铺陈篇幅，但在诗中便不容许了。有些作家在没有办法的时候，便用一些华丽字句遮掩事境，如秦少游的“小楼连苑横空，下窥绣毂雕鞍骤”。东坡讥笑他说：“十三个字不过说有车马从楼前过。”便是这一类。事境虽非诗境，但在语言文字上已经要费安排。相传欧阳修在史馆，和宋郊、宋祁同记马踏犬的事。或说：“适有奔马，一犬遇之而毙。”或说：“有犬死于奔马之下。”最后还是欧阳修说：“适有奔马，踏死一犬。”这故事正说明散文所需要的是事相的说明，而不是意境的创造。也就是说：只到语言的组织，而不到艺术的构成。

写景的句子，本也属于事境，但能入诗的写景语必需兼有感情，至少也要能在景中表出作者的感觉，或是事物的动态。唐人咏瀑布有句云：“一条界破青山色。”大为宋人所讥，就因为它既无感觉，又非动态。像王维的“山中一夜雨，树杪百重泉”，便被称为体物甚工，就因为写得出动态来。到了“曲终人不见，江上数峰青”，已经入于情景交融之境了；至若“数峰清苦，商略黄昏雨”，便是以情语为景语，超出事境的范围了。

比事境再高一筹的是情境。原来一切的感情必有所托才能表现，所谓“其歌也有思，其哭也有怀”，单纯的歌哭是不容易表现的，此所以情语必须兼是景语。彼此分数的多少，便有刻露与含蓄之分，而在艺术的原则上说，含蓄高于刻露。也就是说，寄托越深远，便是表情越深远。“何不策高足，先据要路津。无为守穷贱，轗轲常苦辛”，固然有一段率真之致；但比“苦恨年年压金线，为他人作嫁衣裳”，便觉后者婉约多了。北朝乐府的“驱羊入谷，白羊在前，老女不嫁，蹋地唤天”，固然质朴可喜，但比白居易《上阳人》的“惟向深宫望明月，东西四五百回圆”，便觉《上阳人》的格调高多了。文学本来以表情为主．情不虚设，所以情景交融，便是最高之境，再加以寄托深远，便是诗境的极则了。

驾于情境之上，而求超出，便是理境，文学的界域与哲学的界域就在这里分途。守住文学界域而参入理境，可以使意境更高；但太高了，也可以使文学的温情变为枯冷，使人读了有高处不胜寒之感。若舍弃情境而单纯说理，那就脱离文学的范围了。陶渊明的“日暮天无云，春风扇微和”，王船山说有灵台无滓之意，但仍旧是诗，不是说教的口号。像王维的“独坐幽篁里，弹琴复长啸。深林人不知，明月来相照”。虽然有“白石清泉万古心”之意，但已近于幽寂了。至于像邵康节的《击壤集》有“初分大道非常道，才有先天未后天”一类的话，那简直不是诗了。唐朝的王梵志喜用白话做诗说教，看了只令人有标语口号之感，如说：“城外土馒头，馅草在城里。一人吃一个，莫嫌没滋味。”可谓情景俱无。

诗境的最后是无言之境，非但情景交融，兼且物我两忘，所以渊明的“采菊东篱下，悠然见南山”，传为千古名句。后世惟李白的“众鸟高飞尽，孤云独去闲。相看两不厌，惟有敬亭山”，约略似之。而说理诗反倒无法到此境界，就因为说理诗完全在那里运用理智，而真诗所需要的是感情。感情期于合，理智期于分，情景交融，物我两忘之境，由理智出发是无法达到的。理事无碍，仍须经过感情也。

综合上面所说，诗的境界，下不落于单纯的事境，上不及于单纯的理境，其本身必需是情景不二的中和。而一切物态、事相，都必需透过感情而为表现；一切理境，亦必需不脱离感情，所以感情是文学的根本。“诗以理性情”，其意在此，音律格式，不过是诗的皮毛而已。

《礼记·孔子闲居》篇，孔子谓“夙夜基命宥密”为无声之乐，懂得了无声之乐，便懂得了诗的境界；懂得了诗的境界，才算懂得文学。

三十一年十月七日昆明广播电台讲①

① 编者按：此文原刊《国文月刊》第22期，1943年7月出版。

九　少陵诗论

想要亲切地认识一位作家和他的创作历程，除了诵读作品外，研究这一家的文艺理论，是一条最直捷的路。

在现存的一千四百四十几首杜诗当中，论诗和涉及诗的地方，总共有一百八十几条，其中有自述，有泛说，有对于古人和并世作家的评论。我们要想知道这位“七龄思即壮，开口咏凤凰”的少陵野老，五十年的颠沛生涯中，是如何地做着“语不惊人死不休”的惨淡经营，这一百八十几条零碎字句，实在是最直接的材料。

老杜平生自陈甘苦的话，最简括扼要，也最不易捉摸的，莫过于《奉赠韦左丞丈二十二韵》里的两句：

读书破万卷，下笔如有神。

有神是老杜最喜欢说的一个玄谈，论文，论诗，论字，常常提到。如：

醉里从为客，诗成觉有神。（《独酌我诗》）
诗应有神助，吾得及春游。（《游修觉寺》）
挥翰绮绣扬，篇什若有神。（《八哀诗·汝阳王琎》）
文章有神交有道。（《苏端薛复筵简薛华醉歌》）
词翰两如神。（《奉贺阳城郡王太夫人》）
才力老益神。（《寄薛据》）

题诗也怕伤神：

更欲题诗满青竹，晚来幽独恐伤神。（《题郑县亭子》）

诵诗神也会懔然：

忆诵君诗神懔然。（《偪仄行赠毕曜》）

起初不过若有神，如有神，到后来夸大起来，简直真有神了，并且加多了鬼：

思飘云物动，律中鬼神惊。（《敬赠郑谏议十韵》）

笔落惊风雨，诗成泣鬼神。（《寄李十二白二十韵》）

他越说得神乎其神，越使我们有海上神山之感！

神到底能否让我们认个明白呢？这在老杜以前一百八十年的刘彦和已经说过了：

其神远矣！（《文心雕龙·神思》篇）

神与物游。（同上）

神似乎是渺茫不可捉摸的东西吧？但他又说：

神居胸臆。（同上）

那末，神就是一种心理状态。神居胸臆如何得见呢？刘彦和说：

神居胸臆，而志气统其关键；物沿耳目，而辞令管其枢机。枢机方通，则物无隐貌；关[①]键将塞，则神有遁

① 开明书店版误作“开”。

心。（同上）

枢机也就是陆士衡《文赋》里所说：“来不可遏，去不可止”的“天机”。

枢机如何可以通呢？这在更古的《易传》早说过了：

感而遂通天下之故。

神是要待有感才没有遁心，这在唐人有两个很常用的字叫做“感兴”。老杜自己说：

感激时将晚，苍茫兴有神。（《上韦左相二十韵》）

说张彪：

草书何太古？诗兴不无神。（《寄张大彪三十韵》）

可见神是靠兴才动，兴是待感而发，这在老杜叫做发兴或动兴。坐对云山可以发兴：

云山已发兴，玉佩仍当歌。（《陪李北海宴历下亭》）

进到隐士的幽居也可以发兴：

入门高兴发，侍立小童清。（《与李十二白同寻范十隐居》）

凭高望远也可以发兴：

郑县亭子涧之滨，户牖凭高发兴新。（《题郑县亭子》）

看见东阁梅花也可以动兴：

东阁观梅动诗兴，还如何逊在扬州。（《和裴迪登蜀州东亭见寄》）

这一团既发的高兴，总要有个法子去打发它，这就全靠诗了。他说：

宽心应是酒，遣兴莫过诗。（《可惜》）

环境越丰富，变化、发兴的机会就越多：

曾为掾吏趋三辅，忆在潼关诗兴多。（《峡中览物》）

发兴越多，所感的范围也就越广，这就是《文赋》所说的“方天机之骏利，夫何纷而不理！”老杜是已经做到“诗尽人间兴，兼须人海求”（《西阁》二首之一）的境界的了。

感物造端而藉诗遣兴，是使与物游的神有个着落，有个寄托，还有关键将塞而有遁心的神，更须藉诗为枢机而使之通，使之畅发。老杜自云：

愁极本凭诗遣兴。（《至后》）
故林归未得，排闷强裁诗。（《江亭》）

愁、闷都是心理上的凝滞不通，使人天趣消亡，长日戚戚。这时候诗酒便成了对症的良药。他说：

道消诗发兴，心息酒为徒。（《怀旧》）

道消即是生趣索然，是使人速老之由，有诗发兴，有酒为徒，就可以使人天机畅发，不知老之将至。老杜说：

诗酒尚堪驱使在，未须料理白头人。（《江畔独步寻花七绝句》之二）

这是疏通居胸臆而有遁心的神的好法子。

登临多物色，陶冶赖诗篇。（《秋日夔府咏怀》）

这样双管齐下，神就如有若有的奔赴于笔端了。

神的质素是性情，陶冶的工夫在虚静，老杜是性情最厚的人，他不作诗便情无所寄：

有情且赋诗，事迹可两忘。（《四松》）

老来多涕泪，情在强诗篇。（《哭韦大夫之晋》）

“情在强诗篇”是什么呢？他不是“子岂好辩哉？予不得已也”，也不是“余固知謇謇之为患兮，忍而不能舍也”，而是“天下有道，丘不与易也”。

陶冶的工夫全在静，因为：

静者心多妙。（《寄张十二彪三十韵》）

所以：

先生艺绝伦。（同上）

于是：

草书何太古，诗兴不无神。（同上）

因为“感而遂通”非先有一段“寂然不动”的工夫不行。

性情凉薄，身心浮乱，是没法做诗人的。要做诗人，须要有“水流心不竞，云在意俱迟”的淡定，“三夜频梦君，情亲见君意”的缠绵。

发兴所得是动趣，陶冶所得是静趣，动趣之见于诗者是飞腾，静趣之见于诗者是清新。

老杜在中年以前似乎专在求动趣，这意味到老不衰。他说：

前辈飞腾入，余波绮丽为。（《偶题》）

他爱太白的：

笔落惊风雨，诗成泣鬼神。（《寄李十二白二十韵》）

他爱郑谏议的：

思飘云物动，律中鬼神惊。（《敬赠郑谏议十韵》）

他爱高适、岑参的：

意惬关飞动，篇终接混茫。（《寄高适岑参三十韵》）

他爱严武的：

阅书百纸尽，落笔四座惊。（《八哀诗·严武》）

他爱薛据的：

赋诗宾客间，挥洒动八垠。（《寄薛据》）

寄峡州刘伯华的诗甚至于说：

神融蹑飞动，战胜洗侵凌。

这真是“摧陷廓清，比于武事”了。他爱马，爱鹰，都是因为它们有着十足的动趣的原故。动趣之见于文字者，便是有风骨，有波澜，因此他爱曹子建，爱黄初诗。一再地说：

文章曹植波澜阔。（《追酬故高蜀州人日见寄》）

子建文笔壮。（《别李义》）

诗看子建亲。（《奉赠韦左丞丈二十二韵》）

再闻诵新作，突过黄初诗。（《苏大侍御访江浦赋八韵记异》）

飞动的意趣宜于放歌。他说：

耽酒须微禄，狂歌托圣朝。（《官定后戏赠》）

沉饮聊自适，放歌破愁绝。（《自京赴奉先县咏怀五百字》）

取笑同学翁，浩歌弥激烈。（同上）

这样，就成就了杜诗里飞腾的一路。

飞腾是前辈之事，而清新是后贤之事，求动趣必于建安，求静趣当于晋宋以后，那就是对飞动而言的清新。他说：

后贤兼旧制，历代各清规。（《偶题》）
清词丽句必为邻。（《戏为六绝句》）

他说李邕：

声华当健笔，洒落富清制。（《八哀诗·李邕》）

他说高适：

自枉蜀州人日作，不意清诗久零落。（《追酬故高蜀州人日见寄》）

清则必新，他问高适、岑参：

更得清新否？遥知对属忙。（《寄高适岑参三十韵》）

他赞太白：

清新庾开府，俊逸鲍参军。（《春日忆李白》）

清则必省，他称赞张九龄：

诗罢地有余，篇终语清省。（《八哀诗·张九龄》）

他称道阴铿、何逊：

阴何尚清省，沈宋欻连翩。（《秋日夔府咏怀一百韵》）

清新就是极近自然，是文学上最高之境，老杜称为“近道要”，或“见道”。他说阮隐居：

清诗近道要，识子用心苦。（《贻阮隐居》）

他称赞薛十二：

清文动哀玉，见道发新硎。（《奉赠薛十二丈判官见赠》）

飞腾是意气，清新是理趣，所以越见道也就越清新。因此，杜常用新诗两个字，例如：

已公茅屋下，可以赋新诗。（《已上人茅斋》）
叹息高生老，新诗日又多。（《寄高三十五书记》）
岑生多新诗，性亦嗜醇酎。（《九日寄岑参》）
旧好何由展，新诗更忆听。（《毕四曜除监察》）
斗酒新诗终自疏。（《寄岑嘉州》）
朱绂犹纱帽，新诗近玉琴。（《西阁二首》）
昔献书画图，新诗亦俱往。（《八哀诗·郑虔》）
复忆襄州孟浩然，新诗句句尽堪传。（《解闷》十二首）
封书两行泪，沾洒裹新诗。（《寄杜位》）
白发丝难理，新诗锦不如。（《酬韦韶州见寄》）
凭报韶州牧，新诗昨寄将。（《送魏二十四司直》）

诗之清由于立意新：

政简移风速，诗清立意新。（《奉和严中丞西城晚眺十韵》）

意新便有佳句：

每于百僚上，猥诵佳句新。（《奉赠韦左丞丈二十二韵》）

对别人，杜是常常提到佳句的：

李侯有佳句，往往似阴铿。（《与李十二白同寻范十隐居》）

故人有佳句，独赠白头翁。（《奉答岑参补阙见赠》）

当公赋佳句，况得终清宴。（《石砚》）

不敢要佳句，愁来赋别离。（《偶题》）

远游清绝境，佳句染华笺。（《秋日夔府咏怀一百韵》）

清谈慰老夫，开卷得佳句。（《送高司直寻封阆川》）

或称秀句：

题诗得秀句，札翰时相投。（《送韦十六评事充同谷防御判官》）

最传秀句寰区满。（《遣闷》）

史阁行人在，诗家秀句传。（《哭李尚书》）

佳句是有法度的：

美名人不及，佳句法如何？（《寄高三十五书记》）

所以必由于苦思：

词人取佳句，刻画竟谁传？（《白盐山》）

也不能多：

赋诗分气象，佳句莫频频。（《秋日寄题郑监湖上亭三首》）

至于老杜自己则是：

为人性癖耽佳句，语不惊人死不休（《江上值水如海势聊短述》）的了。

清新的佳句宜于长吟：

陶冶性灵缘底物？新诗改罢自长吟。（《解闷十二首》）

赋诗新句稳，不觉自长吟。（《长吟》）

万里桥西的柟树，被风吹倒了。他慨叹地说：

我有新诗何处吟？草堂自此无颜色！（《柟树为风雨所拔叹》）

这种苦心作出来的新诗佳句，作者是非常珍惜的。他说孟浩然：

清诗句句尽堪传。（《解闷十二首》）

他寄旻上人说：

老去新诗谁为传？（《因许八奉寄江宁旻上人》）

赠严八阁老说：

新诗句句好，应任老夫传。（《奉赠严八阁老》）

因为佳句是有法的，所以老杜对于诗文的法和律，讨论不厌其详。他说：

法自儒家有，心从弱岁疲。（《偶题》）
丈人叨礼数，文律早周旋。（《哭韦大夫之晋》）
诗律群公问，儒门旧史长。（《奉贺沈东美除膳部员外郎》）

中律的作品便无往不宜：

遣词必中律，利物常发硎。（《桥陵诗三十韵》）
思飘云物动，律中鬼神惊。毫发无遗憾，波澜独老成。（《敬赠郑谏议十韵》）

他以此自励而确有独到：

晚节渐于诗律细。（《遣闷戏呈路十九曹长》）

也以此教子：

觅句新知律，摊书解满床。（《又示宗武》）

因此，杜律在唐诗中做到了前无古人后莫能逾的境地。

文律诗律是以讨论而益精的，所以老杜对于论文论诗的朋友非常珍重。他忆李白：

何时一尊酒，重与细论文。（《春日忆李白》）

赠毕曜说：

同调嗟谁惜，论文笑自知。（《赠毕四曜》）

寄高适、岑参说：

会待妖氛静，论文暂裹粮。（《寄高适岑参》）

寄范邈、吴郁说：

论文或不愧，重肯款柴扉。（《寄范邈吴郁》）

苏源明死后，他叹息着说：

自从失词伯，不复更论文。（《遣闷》）

赠高式颜说：

自失论文友，空知卖酒垆。（《赠高式颜》）

严武是他的论诗朋友：

畴昔论诗早，光耀仗钺雄。（《遣闷奉呈严公二十韵》）

又说：

把酒宜深酌，题诗好细论。（《敝庐遣兴奉寄严公》）

赠崔漠的诗说：

荆州过薛孟，为报欲论诗。（《别崔漠因寄薛据孟云卿》）

赠卢琚说：

说诗能累夜，醉酒或连朝。（《奉赠卢琚》）

他这样地找人论文、论诗，“颇学阴何苦用心”，乃至于：

雕刻初谁料，纤毫欲自矜。（《寄峡州刘伯华四十韵》）

不过期于“毫发无遗憾，波澜独老成”罢了。本来：

文章千古事，得失寸心知。（《偶题》）

只要：

> 丘壑曾忘返，文章敢自诬。（《白帝城放船出峡》）

是不必求人知的；但是“德不孤，必有邻”，苦心成就的作品，未尝无嘤鸣求友之意。况且老杜是禀承家学的，他说：

> 吾祖诗冠古。（《赠蜀僧闾丘师兄》）

自己的诗也要宗武去念：

> 骥子好男儿，前年学语时。问知人客姓，诵得老夫诗。（《遣兴》）

所以说：

> 吾人诗家流，博采世上名。感彼危苦词，庶几知者听。（《同元使君春陵行》）

倘使无知者，那就宁可不传，决不希冀俗誉，所以说：

将诗不必万人传。（《公安送韦十二少府匡赞》）

定知深意苦，莫使众人传。（《寄贾司马严使君》）

见酒须相忆，将诗莫浪传。（《泛舟送魏十八仓曹还京》）

这才真是为己之学了。

老杜对于诗，是不作第二人想的，但结果何如呢？第一，眼界之高，使得满意之作少，陆机《文赋》所谓“恒遗恨以终篇，岂怀盈而自足？”老杜也正如此。他说：

妙取筌蹄乐，高宜百万层。白头遗恨在，青竹几人登？（《寄峡州刘伯华》）

第二，眼界之大，使得他把文章看成小技。他说：

文章一小技，于道未为尊。（《贻华阳柳少府》）

并且：

有求常百虑，斯文亦吾病。（《早发》）

以佛法究竟论，情本来是妄的，诗是情在才有的，当然也是妄的，所以他说：

问法看诗妄，观身向酒慵。（《谒真谛寺禅师》）

这真是入三昧出三昧的境地了。

但是诗人总不能为太上之忘情，所以老杜对于人间世，究竟辛苦缠绵到老，而流传到现在的一千四百多首诗，也便是这缠绵辛苦的遗痕，有情故也。[1]

① 编者按：此文原刊《新苗》第2期，1936年5月出版。

十　欣遇

王羲之在《兰亭集叙》里有这样的几句话：

> 夫人之相与，俯仰一世，或取诸怀抱，晤言一室之内；或因寄所托，放浪形骸之外。虽取舍万殊，静躁不同，当其欣于所遇，暂得于己，快然自足，曾不知老之将至。及其所之既倦，情随事迁，感慨系之矣。

这“欣于所遇，暂得于己”八个字，括尽了东晋人的生活风度，更括尽了一部陶诗。

宇宙人生本来是纯美的，一沙一石，皆得天全，随其所遇，无不可以欣然自足。但假如你不会领略，你便当面错过，所谓“视而不见，听而不闻，食而不知其味”，或是看朱成碧，随处失真。整个的宇宙在你的境界里，是支离破碎，毫无是处。你方愁眉苦脸之不暇，还谈得到什么欣然？

或许你不甘心于这破碎支离，而要在你的宇宙中追求一个全美的所在。于是，你有许多听来的或想出来的原则和理论，帮助你构造成一个理想的天国，你便终日神游于其中。这样，也许你不十分苦脸愁眉了，但又变成整天做梦。做梦的结局，也一定不怎样欣然。

不能欣然便是无所得，虚度此生，枉自愁苦，人生可哀，无过于是！此其故说来太长，简单地说，就为了众生的习心不能"无住"。一有所住，便有所蔽，把一个周流六虚无所不在的心弄成有所不在，重者使天地为之变色，轻者也是东面立而不见西墙。

记得《韩非子》里有一段故事：说有一个人丢掉一把斧子，疑心是邻家的孩子偷去了，出来进去越看越觉得邻家之子像偷了斧子的人。过后自己把斧子找着了，再看邻家之子，怎么看怎么不像偷斧子的人了。这个人当其失掉斧子的时候，他的心住在斧子上，斧子便是他的宇宙。说也难怪，大概他的所有也只是一把斧子。孔子是三四十岁便已超凡入圣的了，他老人家在齐闻韶，还三月不知肉味呢，何况一般具缚凡夫！

人心所住，千差万别，所谓人心不同，各如其面，于是各人眼中的世界，也便万有不齐。高一点说是一花一世界，一叶一如来；说坏了便是公说公有理，婆说婆有理。同然之不得，物论之不齐，矛盾纷争，都由此起，所谓“辩也者有不见也”。最可悲的是那末一个真实纯美的宇宙，法尔现前，反倒熟视无睹，古今哲人所最痛心的，无过于此！因为宇宙人生之实相即是自性，不见宇宙人生便是不见自性。糊里糊涂活了几十年，竟和自己的本来面目见面不相识，未免太辜负此生了。

世尊当日在舍卫国只树给孤独园，与大比丘众千二百五十人俱，长老须菩提殷勤请问：“善男子，善女人，发阿耨多罗三藐三菩提心，云何应住？云何降伏其心？”世尊于是为说一部《般若》，归纳起来，不过是一句话：“应无所住而生其心。”善哉善哉！若心有住，即为非住，若见诸相非相，即见如来。

诸佛出世唯此一大事因缘，但是“或有人闻，心即狂乱，狐疑不信”。不得已而求其次，则在中土有孔老二家。

孔子那一副“发愤忘食，乐以忘忧，不知老之将至”的精神，凌厉无前，万夫莫御，直是一鞭一条痕，一掴一掌血。当其一旦豁然贯通之际，才真是一了百了，一全一切全。乃知“朝闻道，夕死可矣”，绝非一句空洞的话。但在未达巅顶，直不容你有息肩喘息之余暇，更何况驻足中途，玩弄光景？以颜渊之贤，犹有喟然之叹，无怪宰我、子贡要半道告劳了。

不能在先难后获中体味那一段“与点”之怀，便有老子那一套虚静观复之说。那是藏身于沌沌闷闷而把整个的宇宙看得个原始要终。长处是静观而有所得，短处呢，这静观自得也是一个“所住”。并且执着转深，过分吹求的结果，把一个纯全的宇宙追求得疵病百出。本来只在有为法上着眼便没有完全无病的，你越吹求，疵病自然越多，结果反使自己陷于不退不遂。因为，你到底是口说方外，身在环中的呀！

一切法都是致远恐泥，过犹不及，中和虽似平庸，乃真有其可贵者在。东晋人物的生活风度，于佛、于孔、于老，哪一家都不够；而卒其所就，乃为他人之所不及，则在他们有那一点中和。

那就是说：他们能在入世的生活中，保有一段出世的心情，便时时在超悟中体会到一些人生真意。东晋人的生活风度其可爱在此。

东晋的世族本来都是些阀阅高门，但过江后却都努力接近自然，这便是儒道交融的现象。这里所谓接近自然不徒是纵情山水，乃是指的他们能虚心会理，调理性情。泛应是儒家态度，而虚静是道家态度。东晋人所有的乃是于泛应万事当中常常保有那一段虚静，使此心时时有一点无住的意味，追其旷怀无营，刹那虚寂，便会有一段真意，油然现前。这在晋人叫做“遇”，或叫做“会意”、“会心”。如渊明说：“五六月中，北窗下卧，遇凉风暂至，自谓是羲皇上人。”又如：“好读书，不求甚解，每有会意，便欣然忘食。”《世说》记简文入华林园，谓：“会心处不必在远，翳然林木，便自有濠濮间想。”都是此境。遇者非出营求；无前后际，会心者心与物化，内外两忘，这都是真意之所在。这一种态度很近于道家，但能没有道家的毛病，就在是暂非常，事过即舍，不至于执持不释，转成客尘。如上文所引的“凉风暂至”，“暂得于己”，都是此意。此得于己者虽为时很“暂”，但毕竟是“得于己”，故能“欣然”。盖在不得之时，虽历亿劫终究是黑漆皮灯笼，一旦遇而有得，则虽一弹指顷亦三大阿僧祇劫也。以是之故，其乐初与孔颜不殊。所谓“不知老之将至”，“欣然忘食”，绝非唐大无验之谈，盖可知矣。

暂得于己之境绝非难得之境，所谓“俯拾即是，不取诸邻”者也，道在矢溺，奚待复求？若不现成在前，即不足证明法迩如是。而见与不见，显晦有时，又非人力之所能为。南山飞鸟，振古如斯，而必待东篱采菊乃始悠然见之，则以此时之心无所住也。心无所住则鱼跃鸢飞，活泼泼地，虽属臭腐，亦是神奇。到此乃体会到全妄即真，不遗一法，全体大用，一旦现前，安得不欣然快然？

跟着欣然快然而来的便是那事过境迁的一段惋惜之情，这便是感慨系之的“慨”，渊明所谓“欣慨交集”者是也。忘言之后，首先感到的是那壑舟迁流的逝者如斯，转顾芸芸，弥复可悯。这一段心情，有惋惜，有慨叹，有低徊吟味，有讽咏流连，此乃正是出入天人，蹀躞圣凡之会。欣者乐其天，慨者悲其人，存乎己者恒有余，而存乎人者常不足，此圣哲所为欣慨也。

由欣拓开去便是至乐，由慨拓开去便是大悲，但东晋人却只到欣慨而止，其可爱在此，其不究竟也在此。

渊明喜说闲静，闲静是欣遇之根。而此闲静必仍寓于劳生，始不沉空住寂，转成坐驰。渊明所谓“勤靡余劳，心有常闲”者，实是一番居敬工夫，此又属儒生家业，盖以提掇息妄，与任运放倒又不同也。

呜呼！行也布袋，坐也布袋，放下布袋，何等自在。山静似太古，日长如小年，唯息心者知之。

三十一年七月七日，昆明习坎斋。

附录

论读专书[①]

西南联合大学国文学会中国文学十二讲讲稿

本学年本校中国文学系的课程，专书研究特别多，大家觉得好像有意在提倡读专书的风气。事实上不一定有这个意思，但读专书的要求似乎是近年来一个普遍的倾向。现在就把这个问题和大家谈一谈。

中国人传统的读书法本来只是读专书，废科举兴学校以后才有专门的学科。近十几年研究的风气盛行，在大学的文学院里才又有专题研究的科目。有了专门科目，古书才退为国文一科；有了专题研究，专书才渐渐被摈于课程之外。近年风气逆转，读专书的倾向才又在中国文学系里抬头。

凡是一种风气的转移，得失很不易讲，但其来历却是可说的。上面所说的风气的转变，正表示着社会文化的转移。

① 本文原刊《国文月刊》第17期，1942年11月出版。

中国过去的社会是农业社会，读书人的意识也是农业意识。读书的目的在人才的养成，书不过是人的养料，犹之土壤水分为植物的养料一般。所谓十年树木，百年树人，其义无二。所以六经称为六艺，教育子弟谓之栽培，学问踏实谓之根柢深厚，文字生活谓之砚田笔耕，收获耕耘，春华秋实，无往而不是农业术语。在这种社会里，正是“我读书，非书读我”，他可以“断章取义”，可以“不求甚解”，可以“六经皆我注脚”。这种吸收原料的读书态度，自然以读专书为最适宜了。

农业社会最看不起的是商人，因为他不是先难后获的，所以讲学最忌“稗贩”。其次看不起的是工人，因为他不从事于为己之学，所以书画最忌“匠气”。在这种风气之下，专门学科是无法建立的。所以二千年来，尽多文人学士，却少专门名家。

近十几年来研究的风气是西洋近代工业社会的产物，研究员的意识是工业意识，目的在客观学术的建立。他们学习工具，搜集材料，努力工作，发表成绩，增加出产，奖励发明。他不能不依类选材，他不能不分析综合。专书在他们眼中目无全牛，祇不过是一堆材料。靠了这堆材料来建设专门科目，推动专门研究，本身并无独立的价值。

这两种不同的态度简单说起来不过是成己与成物之分，本来并行不悖的；但文化总有偏畸，一偏畸便有流弊。中国几千年来的农业文化，正在开始接受近代西洋工业文明，各方面的革故鼎新，是必然的现象。在青黄不接之际，冲突矛盾，无所适从，也正是应有的过程。

我们中国文学系读专书的问题便是夹在这个矛盾现象当中的，就是多年以来闹不清的国文系与国学系问题，也是为此。甚至于依时代为次的国文读本究竟先今后古好呢？还是先古后今好呢？也成了不易解决的问题。这都有待于这个总问题的解决，然后其他才有办法。

我们对于这个问题有三种看法：

第一，学术的由浑而析，由泛而专，本来是进步的现象。清代学者原来都是向这个方向努力的，成绩最显著的是程瑶田，理论最具体的是章学诚。但前人学问的对象是“古书”，而古书所包括的极其广泛，用现代学术的眼光来看，一个人无论如何不能兼具众长。然在前人读古书的风气之下，非身兼众艺不能明一书，于是种种外行话，陈陈相因的话，不彻底的话，便杂然并作。正史和诸子中天文律历的部分便是最显著的例。现在我们明白了学术各有专门，古书并不为中国文学系所独有，便应该把专门的部分分别让给专家。非但天文律历之学不应属文科，就是古地理和制度的部分也应让给史学系，中国文学系所当负的责任怕祇有文字训诂和文法的部分。即版本校雠也不全是中国文学系的事。于此，我们中国文学系的语文组，在自己的专门之业以外，于古书便负了训诂章句的责任，也就是对别系某部分中国学术史方面负了沟通介绍的责任。最后的希望是古书已有了大体的整理，别系的专家也无需再要我们帮忙，我们可以专力于古文字、古语、古文法的研究。这样，语文组所应读的专书，便有了很明确的界限，数量也不会太多。所谓专书也者，便和专科学问打成一片了。

第二，关于大学里中国文学系文学组的教学目标，大家的意见不很相同：有人以为文学组应该专门培养新文艺作家，因为大学是最高学府，作家若是不由大学出身，其根柢是不会深厚的。但也有人以为作家是社会培养出来的，不应该由学校培养，因为学校的生活环境和课程设备，都不适宜于培养作家。反转是文学史的研究，离开了大学的图书馆和研究室怕就很困难，而文学史的任务正是给予作家指示途径。学者有志于创作，等待略知途径，出离校门，走入社会，再练习也不迟。更有一派，以为居今之世，祇有中国文学系的学生还有一线的希望做做某一派的骈文或古文，假使国文系的学生都不能作骈文古文，那真是“读书种子绝矣”。尤其近年以来，学生程度日差，往往大学毕业还不能清通的写一篇应用文件，因又有人主张大学里应培养能作应用文的人才。为了以上种种意见的庞杂，读书的风气也就各行其是。往往同是中国文学系毕业，甲也许“熟精《文选》理”，乙就许只知道几个近代作家，丙就许只校勘了一部先秦子书。大体说来，个人意见虽有不同，约之不外研究和写作两派。我个人的意见，以为研究应该是大学的教学目标，而写作应该在师生间自由发展。关于为了写作而读书的问题，等到下面再说；此地专就文学史的研究立论，则读书范围之广泛，正不下于一般的所谓读古书。因为就文体着眼，它包含的有著述体裁，文章源流。就作家着眼，它包涵的有文人传记，专业的校订和解释。就专门的问题着眼，它包涵的有各方面专科学问之一部。在这个题目下读古书，需要吸收原料，也需要目无全牛。因为一个好的文学史家，应该是一个专史家，同时又是一个文学批评者。这样巨大的工作，一个大学生在短短的四年中，无论如何是作不全的，其结果很容易光记得教师讲过的一些例证，而于原书都未寓目。本学年本校中国文学系专书课目之增多，有意无意中颇有针对这个缺点的倾向，意在领导大家多读几部专书，以增进读书的能力。但实在不过是示例而已，若真要讲到文学史的研究，第四年的毕业论文才是一个开头。曾经着手过毕业论文的人大家都可以有这个经验，那就是多读过几部专书的人作起文学史的论文来比较可以左右逢源。因为就专史的性质说，文学史是和语文组的专科性质相同，就文学批评的性质说，文学史家又需要具有写作加读书的素养，而文学史大体的轮廓，又需要下面第三项的知类通方。

第三，上面说过，中国文化正在由旧的向新的方向转变中，文化学术都需要一个新的组织和排列。但旧的文化学术本来有它自己的一套系统，文学和史学在这个系统下发展了一两千年，已经成了浑而难分的形式。在今日学校里分科设系，未尝不可以抽出一部分的书籍专属某系，但讲起话来便要牵一发而动全身。有些学校的国文系索性称为国学系，便是为此。从前北京大学的国文系分为三组，第一组是语言文字，第二组是文学，第三组有目录学、校雠学、古籍校读法、经学史等课目，便是小规模的国学系。坊间出版的《国学概论》《中国经学史》一类的书，看似陈腐，实甚重要，就因为它还能补苴分系以后的破碎支离。而读专书一事，在国学系中，实居首位。王充《论衡》说过："能说一经者为儒生，博览古今者为通人。"不兼备第三组的国文系，往往不但不能博览古今，甚或并一经而不能通，结果只成为寻章摘句的文士。联大国文系是只有两组的，近年以来，大家都感觉到同学在通方知类一方面很欠缺，本年课程里专书特别多，也或者有补救这个缺点的意思。拿通方知类的意思读专书，则与前两节的态度又别，那是应当在学术源流方面着眼的。因为一部分专书，在内容方面有它的学术渊源，在体裁方面有它的著述体例，往往与他书互相沟通，而不必限于一类。而这相互沟通的部分，正是“水无当于无色，五色弗得不章”的，很难把他纳入某一项专科。我们很不喜欢国学系这个名称，但愿意保留原来第三组[①]的内容，其意在此。

由以上的三个观点来看我们读专书的问题，正是复杂分歧，漫无轨道。换句[②]话说：我们国文系的同人，也正负着把这问题纳入轨道的责任。

照理说，上面所说的国学系的基本课目，本来都是一些本国文化的常识，原非国文系所专有。假如大学课程能有一部分文法学院必修科目，则这些科目在初入学时便已当修完，有些专书也应自行浏览过。等到分别文史哲学系的时候，只须修习本系专业已足。如此，国文系的文学组只应分别为研究或为写作而读的书。范围既已明确，则读时自然不患庞杂，也不会发

---

① 编者按：罗庸先生对第三组内容十分重视，除分段讲授中国文学史，专论《楚辞》、杜诗之外，还自编《古籍校读法》教材，铅印出版并进行专门讲授。

② 原刊误作“旬”。

生为人作嫁之感了。

但在这个理想没有实现之前，不能不替大家想一个自修的办法，下面一些意见，便是针对我们的同学现在的实况而说的：

我以为知类通方是很要紧的，能知类则学不患杂，能通方则学不患偏，不杂不偏则可以免为一曲之士。

《学记》说："九年知类通达，强立而不反，谓之大成。"这正是成己成物的教育标准。我以为《四库全书总目提要》仍旧是国文系入门必读之书，虽不足知伦类，实可以扩见闻。只要不陷于章太炎先生批评章实斋的话："后生利其疏通，以多识目录为贤。"纵比只看坊间出版的《国学概论》一类的书好得多。就因为《四库提要》鼓励你读原书，而坊间的书只给你泛泛的概念。此外正史的《儒林》《文苑》列传、《艺文志》《经籍志》，能粗读一过，也胜于读坊间的文学史百倍。至于《古籍校读法》一类的书，浏览是不妨的，但我还是主张不如读读《经义述闻》《经传释词》和名家精校的书。史部则我希望大家能读《资治通鉴》和《续通鉴》《明纪》。史事不熟，文学也无所附丽。《论语》《孟子》《小戴礼记》的一部分，则是中国人尽人当读之书，民族的命根在此，无论如何必须读的，国文系更是责无旁贷。大家如能照此自修，则国文系不必设第三组，大家的见闻自不患搀陋，目光自不患短浅，心胸自不患偏狭，学问的基础，大体可算粗立了。

语文组和文学史组除了基本的常识和训练以外，大体上是应采取工业化的研究态度的，问题不嫌其小，用心惟贵其专，这才是正确的科学态度。但有两个基本条件：第一、专精必须是由博返约，而不是大海酌蠡。第二、问题必须由读书间得出来，而不是自作聪明。因此，以涵咏自得的态度，从容的读本业以内的专书，以待问题的发现，仍旧是这两组的根本工夫。至于不欲速，不见小利，不急于自表襮，必待确能自信而始著书立说，则又关系个人的修养，不系于读书的多少了。

文学组为培养写作而读书，文学史组为培养批评能力而读书，无疑的是要应用农业化的读书态度，那就是绝对的读专家，整个的读专家，死心踏地的读专家。——培养新文学的写作至少还要用一半的力读外国的专家——要专精，要纯熟，要先能入于其中，然后用《文心雕龙》“六观”的方法来超出其外。入于其中要到自他不二，超出其外要到目无全牛，这样才是超以象外，得其环中的读法。照此读去，境界日高，则值得读的专家自然日渐减少，批评力自然养成，创作力也就在眼高手低的状况下无形增进。最忌难读无统，浅尝辄止，无深无浅，在你眼中都是一望平原，那就十年二十年也不会有进步的。我常劝大家读专集要读大家，其意在此。尤其中国文学二千年来一线相承，递相祖述，如不从古代读下来，便难得其脉络。所以，为应用起见，从近代文入手读去，渐及于古，未尝不可；若为研究中国文学起见，则由古及今是一条不可移易的路。至于坊间出版的《中学国文读本》的编制，又另是一问题，这里不及多说。

今天所讲，只就“读专书”这一个问题略为分析其内容，意在使大家稍为明白些专书的性质，是在卑之无甚高论。至于读古书的详细方法，则唐立厂先生上次讲的“怎样读古书”，已很完全，无需我再多说了。

三十一年二月二十五日昆明

美育与宗教[1]

美育，是通常说的五育之一，但在我的看法，无论何种教育，都以美为最终目的，譬如德育是求人格的美，智育是求思想的美，体育是求体格的美，群育是求团体和谐的美，因为美是人类最高的理想，而丑是人类共同厌弃的对象，这里正表示着人类向上性。

无论何种宗教，都是教人为善的，善与真与美，本相联而不可分，不过宗教特别偏重善，而美育不一定提出善，所以宗教不多谈美，而美育不多谈善，美育与宗教，由此分途。

宗教有很强的排他性，又有很重的训条性，由排他性的强烈，历史上演出很多的宗教战争，由于训条性的浓重，宗教大多偏于保守，因此在民国初年，就有蔡孑[2]民先生美育代宗教

① 本文原刊《广播周报》1947年复刊第32期。

② 原刊误作“子”。

的讲话。

美育代宗教之说，是想把宗教的神秘，代以美育的开明，使文化更向前一步；但忽略了一点，美育只能予人以意识界的慰藉，人到了意识失去了主宰的时候，还是要靠了宗教的信仰来安定身心，这是美育所做不到的，因此愈是世界纷乱，人生失去保障的时候，宗教愈亦发达，而美育却因此而愈减其效力。

不过，宗教的慰藉是不完全可靠的，一遇例外，人类的失望便更深，于是不得不将对外的信仰，变为尽其在我，这便是殉道精神。到此宗教便进了一步，它是将神我对待的形式进了自他合一，超出了小我而完成大我，于是普通宗教与高等宗教，便由此分途，而高等宗教，却无形中成了美育。

人类欣赏艺术，多是站在距离较远的地方，领略全个的形象的美，假如这形象真能伟大崇高，人类会向他低头膜拜的，于是这形象便起了宗教的作用。及至心领神会，得意忘言，便走入自他不二的合一的境界，所谓与之俱化，到此，美育又与高等宗教的效果相同了。

照我的看法，美育与宗教，是同源异流，始分终合的，在这里，显示出人性的发展。

人类的本性，本是浑身真朴，至善至美的；但后天的习染，使得渐变为虚伪丑恶，而虚伪丑恶，是痛苦的根源。所以，无论如何穷凶极恶要求美的慰藉的心，是依然存在着的，这便是本心不息的一线之名，而宗教与美育，正是根据这本心之明，而加以启发，它们同是用了一个崇高的对象，使人心集中于一点，渐由善美的力量，使人认识了自己的渺小与自私，再进而祈求企及这伟大与崇高，更进而泯除自他之界，而回复到人所同然的大我。于是人类的本心呈露，得见原来的浑全真朴，在这穷子归家的境界中，得到了无上的至乐。宗教和美育，便是以此理由，而永远并存着。

教育的意义，便是基于这原理而实施的；所以一个教育家，首先应该确实认得人性的本然，更应了解五育三育，同以美育为归宿，为了教育原理的形象化，为了尽瘁教育，尤应具备宗教家殉道的精神，牺牲小我，以完成大我。如此，则美育与宗教的要义，教育家可以一身兼之了。

现在的人类社会，确实说不上美，也确实说不上乐，在这里，宗教家与教育家的责任很重的，而教育家的责任，尤为重大。有了伟大的教育家，人类的生活才有意义，人类的生命才有前途。

感觉与意境[①]

纯文艺的要素虽然很多，但在表现一方面说，意境是最要紧的。读者印象之浅深，全视作品意境之高下，假如读了一篇作品后全无印象，那并不一定是作者的技巧不够，而是作品的意境不够，所以练习创作的时候，“练境”是第一要事。

在一般艺术理论中，虽有写实派与印象派之分，其实写实也还是要靠印象，艺术的真实和科学的真实，其不同处在此。好的艺术的表现，往往是“逼真”的，但这是指的感觉的逼真，不是客观条件的逼真，艺术能予人以某一方面感觉的逼真，便是有意境。

意境有种种高下浅深的不同，这关于作者本身各方面的素养，但有几点原则是共同的：首先，作品的表现必须是最扼要的部分，它可以引起许多文字以外的联想。其次，部分的表

① 本文原刊《广播周报》1947复刊第52期。

现，必须是与全体相关而且是协调的，意境不在某一部分见出，而在其相协调处见出。因此，全体的各部分，互有相得益彰的作用。例如大家所熟悉的马东篱《天净沙》小令："枯藤老树昏鸦，小桥流水平沙[①]，古道西风瘦马，夕阳西下，断肠人在天涯。"便是因为完全吻合上述的原则，而被称为名作。不会作诗的人，说春只会说"花红叶绿"，说风景只会说"高山大水"，就是因为不会应用上述原则的原故。

艺术作品意境的协调，全靠作者主观的选择，他必须懂得剪裁，把无关的或有妨碍的部分除掉。所以他不是客观的全部摄取，而是主观的印象表现。这印象如果是一般人共同的感觉，则其作品愈能获得读者的共鸣。

印象完全靠了感觉，作者心意之表达，也必须通过感觉，所以，感觉不是最微妙的，但是最必要的。作品技巧之高下，大部靠了作者对于感觉体味之深浅。

照佛家的说法，人生不能跳出六根六尘六识的十八界，艺术本来是有相的有为法，那末感觉便应该是六识的综合。但是一般的作家，很少有人能顾到这一点，所以感觉的表现往往不够深刻，不够细腻。

在六识中最方便也是最粗的是眼识，上述高山大水花红叶

① 一作"小桥流水人家"。

绿便是只会说出“形色”“显色”的方圆大小赤白青黄。其次才是耳识，写声音便比写形色难多了，但是有些意境完全要靠耳识，像“姑苏城外寒山寺，夜半钟声到客船”，便是读给盲人听也不减少它的意境。再次是鼻识，江淹《别赋》：“闺中风暖，陌上草薰。”“草薰”二字抵得多少春天的描写，而春意自在其中。再次便是舌识，这在中国文学中表现得特别少，杜工部诗“不放香醪如蜜甜”便是此类。其所以少的原故，大概是因为不容易共同之故吧。再次是触识：“熏风从南来，殿角生微凉”，这在中国诗中并不太少，但往往是普泛的写法，像杜诗的“香雾云鬟湿，清辉玉臂寒”，十个字中，把眼鼻触三境合为一境是很少的了。最后是意识，这本是文艺的骨干，每一篇作品中不可缺少的，但单纯写感觉，如杜诗：“夜阑更秉烛，相对如梦寐”一类的句子也不多见。至于联合六识而综合写出的，这例子实在太少了。

在这里想起岑嘉州的《和贾至早朝大明宫》，却是对于这问题着实用心过的。那诗是：“鸡鸣紫陌曙光寒，莺啭皇州春色阑。金阙晓钟开万户，玉阶仙仗拥千官。花迎剑珮星初落，柳拂旌旗露未干。独有凤凰池上客，阳春一曲和皆难。”前人评贾至、王维、杜甫、岑参四首高下，以此为压卷。前六句确是做到感觉综合的地步，今人读了，有看五彩有声电影之感。

可惜意识方面的感觉太少了，除美之外，不够深厚，这是限于题目，无可如何的。

有志于文艺创作的朋友，如想练习意境，何妨在日常生活中练习描写感觉呢？因为这正是一切印象的基础。

论诗书简（五通）

论学诗[①]

学诗以多读多作为根本方法，论诗法和评诗的书不过是一种参考材料。汉朝的杨子云说过："能读千赋则善赋。"俗语说："熟能生巧。"都是说：文艺的训练在作品本身，不在作品以外的评论。你如想学诗，则多读、多作两件事是要彻底用一番工夫的。

读诗的方法，为了目的的不同，又可分为两项：

第一，为了艺术的培养，应该用纯欣赏的态度来读它。陶渊明的"好读书，不求甚解，每有会意，便欣然忘食"。便是这一种态度。因为我们写不出好诗来，大半因为艺术的修养不够。多读书，多遇到些"会意"之处，胸中的意境便日益丰

① 本文原刊《读书通讯》1940年第13期。

富，久而久之，随便的眼耳见闻都被你看成诗料，便自然有好诗出来了。第二，为了技巧的训练，又应该用纯研究的态度来读它。要如杜子美的“晚节渐于诗律细”、“新诗改罢自长吟”，一字不放过的研究它，使诗的篇法、章法、句法、字法，在自己的眼中目无全牛。则不但对于各种诗法了然于胸，便是各家的工拙浅深，也可以据此判定。等到自己动笔，自然有途径可寻了。

因为中国文学的历史太长，所以读中国诗“循序”是很要紧的。能循序则历代作家的因袭和创造，可以澈底明白。大约《诗经》《楚辞》为一期，汉魏乐府、《古诗十九首》和建安诸家为一期，两晋南北朝为一期，唐五代为一期，宋元明为一期，清及近代为一期，照此次序读下来，则提示格调演变之迹，都可以明其源委。并且一期一期的读，则眼光不杂，诗境易纯，对于自己作品的风格，容易养成，是省力而得益的办法。

除第一二期以外，其余[1]各期，“读大家”是很要紧的。如不是专门研究诗史，有些小家尽可不管。有此选择则可免除杂博之病，使心目不纷，精神照顾得来。大约初学有一部《诗经》、一部《楚辞》、一部《文选》、一部《乐府诗集》、一

---

① 原刊误作“於”。

部《十八家诗钞》，尽够用了。此外有余力涉猎及之，不必用专工。

用欣赏的态度读诗，熟读成诵是很要紧的。因为不熟，不能保存在自己心中，旋读旋忘，是无法培养诗境的。能熟则行住坐卧都可潜心体味，触类旁通。由此练习观察物态，体会人情，广事培植一般艺术的修养。如此则在一期中熟几家，一家中熟几首，都无关系，因为得意忘言之契，是在精而不在多的。

照此方法读下来，“诗法”自然会由比较而得到的。容得自己心中有了一些诗法的概念，再去看前人的著作，那了解力是不同的。大概在唐司空图《诗品》、皎然《诗式》以后，宋严羽的《沧浪诗话》是一部比较具体的书。明徐祯卿《谈艺录》，王世懋《艺圃撷余》，清王士祯《带经堂诗话》，都可参考。赵执信的《声调谱》，是一部讲音节很完备的书。此外赵执信的《谈龙录》，汪师韩的《诗学纂闻》，沈德潜的《说诗晬语》，在清人诗话中都是有价值之作，都应一看。如嫌单行本不易得，《云南丛书》里有许印芳编的《诗[1]法萃编》，把上述各书都采入了，可省寻觅之劳。

但如只读只看，不自己动手学作，是无法得到亲切的经验

① 原刊误作“书”。

的。陆机《文赋》说：“余每观前士之所作，窃有以得其用心。”又说：“每自属文，尤见其情。”所以由练习作诗而得到的经验才是真经验，才足以帮助读诗的了解力。这样读了又作，作了又读，工夫自然长进的。

有些初学作诗的人，以为七五言绝句字少容易作，便开头从此入手，这是完全错误的。诗的难易在格律不在字数，初学应从格律最宽的五言古诗学起，次学五律，次学七古，次学七律，最后才学绝句，至于排律和杂体，可学可不学。照这次序，用心由粗而细，格律由宽而严，篇幅由无定到有定，才是学诗的正轨。

你大概很熟悉李长吉的奚囊的故事罢，这正和习画练习速写相同。初学的人应该尽力练习这速写的工夫，务使自己的这枝笔得心应手，驱遣自如，然后再求成篇，自然不会有敷衍无实的句子。切不可一开手就求成篇，以致言之无物。

修改自己的作品，也是一种很重要的工夫，进步往往在这里。杜子美说：“毫发无遗憾，波澜独老成。”正是文艺家最忠实的态度。所谓“能自得师”者也。

现在对于你的来信，答复到此为止。另外提出几件事，你如有兴趣，将来可以续谈的：

第一件，诗是文学中最高之境，人生的尊严，即是诗的尊严，所以诗决不是吟风弄月的玩艺儿，诗人决不是百灵鸟。关于这，请先看《诗大序》、朱熹《诗传序》、白居易《与元九书》等篇。

第二件，在中国诗以外，还有赋、有词、有曲，实在都是诗的旁支，真正学诗，则辞赋词曲，都应包括在内。

第三件，来信说曾学过新诗，但这里并没有提到新诗，因为我们觉得，新诗尚未成熟。如因袭旧的，则以先读旧诗为是；如采取西洋，则当先读西洋作品。短短一二十年的成就，恐怕还不够研究。

编者附志

本文为罗先生答复会员张鹤林君函。因内容丰富，且为一般所喜读，而会员中亦多纷纷来函请指示此问题，故发表于篇首。附原函如左——

编辑先生：

我近来心想涉猎“诗”的途径，可是没有相当研究的资料。我以前也曾做过规律的五言七绝和新体的诗，因为没有长时期去练习它，所以仅仅只有一些概象在脑筋中，只知道韵节的调压，凑死韵的工作。究竟怎样才会运用灵活，一方当然要多加练习，但是另一方也需有适当的书做指导，请先生指示几本这类的书，谢谢你写封信答复我。

敬请　撰安！

会员张鹤林谨上

答唐钧焘论诗书[①]

闻之：诗以言志，而言为心声，诗重意境，而意在言外，又无论其为感为比为赋为兴也。风月之词，昔人所讥，一味陈腔烂调，等是无病呻吟，须要我心中有诗。而诗中亦有我，譬之食蔗，渐入佳境矣，王右丞之诗中有画，而画中亦有诗，或其类此。

夫诗声调之铿锵、悲壮、苍凉、沉雄、刚健，情韵之悠扬、缠绵、悱恻、风雅、幽馨，反映于国家社会、时代思潮、

---

① 本文原刊《读书通讯》1941年第27期。发表时前有似未录完的唐钧焘来信——

师赐鉴：

三年秋，旁听北大中文学系时，获亲道范，孺慕弥殷，于吾师主授之诗词试作，进益甚多，向往尤深。嗣以饥驱，由平赴宁。抗战以来，转徙于京汉湘桂间，碎伯牙之琴，破乐昌之镜，年来每有所怀，辄复托之吟咏；惟是浅根薄植，词章之学，既乏师承，重无根柢，然爱好之心，初不以不学而辍，则固十年如一日也。

个人生活，为人生观之具体表现，而旁及于草木虫鱼飞走之属。故诗人常在其作品中抒发其超然之感，虽以现实为诗之原料，而仍以诗之原料寄超然之想象也。人谓文章要议论精辟，典雅博赡，评断确切，简约生动，于诗何独不然？文章藉冗长之文字可以引申其意，诗如律绝，寥寥数十字，在词句间，其文学尤要注意精警之组织与生动。天才卓越之诗人，于文学之组织及技巧，常得运用自然之妙，而无艰晦苦涩之病也。诗宗李杜，由来尚矣。然后之学李杜者，非无李杜之才气，而无一神到者何也？盖各人之胸襟与其环境之所感受，禀赋既殊，有异同耳。勉强生吞活剥，硬装李杜，面目虽似，精神全非矣。随园老人，一代大家，骚坛宗匠，标榜风雅，论诗最重性灵，窃以其贻误学者，而后人之学袁者转失性灵，是其藻绘袁之性灵，而汩没本来之性灵矣。袁氏生当清之盛时，少年弃官，以吟咏著作为乐，非有禾黍故国之悲，亦无扰攘乱离之叹，宜其胸中风流自赏，红笺白幅，写其佚宕之怀。况其晋接名公巨卿，网罗才媛闺秀，千百年来，随园一人而已。谓之风流学士也可，名教罪人亦无不可。转不如赵瓯北之作“李杜诗篇万口传，至今已觉不新鲜，江山代有才人出，各领风骚数百年”，诗教旨在温柔敦厚，赵诗似有微嫌，而其一段天真，要不可没也。

“暮投石壕村，有吏夜捉人”之杜甫，与“王师北定中原日，家祭无忘告乃翁”之陆游，扩而大之，心在邦国，所感正同。而“归客千里至，妻孥怪我在”，“却看妻子愁何在”之杜甫，与“坏壁醉题尘漠漠，断云幽梦事茫茫”，“城南小陌又逢春，衹见梅花不见人”之陆游，杜老情怀，陆翁韵事，两无轩轾，又当别论。

与会员石鲁君论诗[①]

石鲁先生：

七月二十一日来书并大作均奉悉，尊作端凝稳练，业已自具风格，而虚怀下问，备尽谦冲休休之度，深足敬佩。谨就来书所问，略贡鄙怀，仍希进教。

来书问尊作“是否可以云诗”，足证平日所怀甚高，殆非妃青俪[②]白者所能仰望。则请重复玩味《论语》《礼记》中孔门师弟相与论《诗》之言，于温柔敦厚之旨，兴[③]观群怨之义，必能深有所窥。然后瞭然于辞赋之所以不及《三百篇》，

① 本文原刊《读书通讯》1942第32期。
② 原刊误作“灑”。
③ 原刊误作“舆”。

与夫后世诗家愈多而诗教愈衰之故，则能自得师矣。

来书又问尊作“已至何种阶段”，大抵普通学诗者相从俪采选辞入手，逮于驱遣字句达于熟练即以为已经成礼。以诗教衡之，其为“正墙面而立”自若也。善学诗者，必以诚中发外为本末先后之叙，诚中而未达者有之矣，未有无物而能有则者也。此与世俗之学本末外内恰相背驰，知乎此，则又能自得师矣。

本书又问尊作“可否深造”，尤见冲怀。知温柔敦厚吾性本具，则知吾之诗境固未尝浅，徒以未能扩充，似其深有不及人者。正宜发强刚毅，使能尽书吾之性，则深造自得，并非难事。知“为仁由己”，“非道宏人”，则又能自得师矣。

来书又问尊作“应如何取径”，大抵取法乎上，仅得乎中，取法乎中，仅得乎下，故宜高视阔步不当以卑小自足。高下既分，则凡一切门户家数之说，胥不能为我之障碍，于以兼收并蓄，左右逢源，以我有根本为广纳众流之地也。少陵云：“别裁伪体亲风雅，转益多师是汝师。”知乎此则又能自得师矣。

大抵为学之道，当以宏毅远大自期，则一切细碎枝节，非所惜意矣。学以为己，非以徇人，则一切挈量毁誉，非所惜意矣。盖信道笃则自知明，然后可以居天下之广居，立天下之正位，行天下之达道，此正诗人之所当有事也。先生岂不谓然乎？

来作二十八首中，计五古一首，五律二首，五绝二首，七律十二首，七绝十一首，知平日多作七言近体，然以工力论，则五律为优，此或早年心力所专注，故愈久而声光不掩也。如《登扫叶楼》一首，沉雄稳健，殆近盛唐足觇学力所诣。七律则当是近年兴会之所在，以常作故，率笔较多，亦或操笔即成，未暇推考，其高者每近清人，次者或拘牵句韵，此比较《西安靖难》及《明故宫》二首可见也。七绝尤为圆熟，亦更富近代意味，故工稳有余，精警不足，大抵平日多读近人七言律绝，故得力在此。惟五古未能详悉所蕴，以所录一首窥之，殆亦得力于近人之作乎？

总观尊诗造诣，若与时流竞爽，或为羔雁之资，盖早已独自名家，不居人后；然知先生固不以此自足也。则请五古自汉魏以逮宋贤，七律自盛唐以逮金元，五七绝不及宋以后，先为一脔之沉浸钻研，必使目无全牛，然后工拙悉辨。而后下笔，自能直逼古人。至于五律之宜细论，七古之宜放歌，则李杜二家各极其至，知必能因其已一以推及所未能矣。

至于蓄德以深其意，读书以富其[1]资，积理以瀹其心，阅世以穷其变，似皆诗外余事，实则根本工夫，非此不能洗涤凡近，自

① 原刊误作“具”。

致高明也。凡此所言，自先生之所素瞭，猥承下问，故复具陈。

即颂

著祺

罗膺中　三十年八月二十二日

附石鲁君原函——

编人先生大鉴：读《读书通讯》十三期罗膺中先生答会员张鹤林君函——《论学诗》——实获我心，不啻替鲁作答也。鲁弱冠前，以先君与诸亲友类多能诗，耳濡目染，印象颇深；所读诗亦不少，惜尔时酷嗜运动终日驰逐场中，未妨致力，即先君命作者，亦少交卷，年来服务，动时较少，转于旧诗，甚感兴趣；惟亦未能作过系统之钻研，虽偶有所作，颇不自信其“是否可以云诗”？或“已至何种阶段”？与“可否深造”？及“应如何取径”？故从未敢示人，免见笑方家也，然窃或与人讨较，有时又觉不相上下[①]，但终不自信，恐眼高手低之嫌，此是否为未曾作有系统之研究所致？至代人或和人之份，盖皆深知诗未能及

① 原刊“下”作“平”。

鲁，始行一试，如此藏拙，虽心虚然仍未能请教高明，也兹就记忆所及，将连年所作，录呈二十八首，至恳拨冗一评阅（意境格调篇法句法等）并请就此程度详示应取之径！俾坚信力，而资遵守；庶乎来得有寸进，皆出先生之所赐，其□激为何如耶？繁琐处，乞谅之！专此，奉恳，敬颂

撰安！

会员石鲁敬上七月廿一日

附石鲁君□作四首——

（一）《今别离》："平生轻别离，此心常如铁，今日只挥手，欲语终哽咽。"

（二）《偕次明丈登扫叶楼遇大风》："秋声□草木，商气肃郊垧。残叶伊谁扫，前山向我青。云低□远树，风急撼疏□，江浪连天卷，高楼听水声。"

（三）《舟山舟中》："舟行尘事尽穿山，波浪乘风愿又坚，极欲凌波航苇去，海天啸傲一开颜。"

（四）《客况》："万里一身只自怜，京华混迹忽□年。漫嗟作客空弹铗，已负先人竞着鞭。豪气总缘贫贱减，梦魂频为别离牵。慈灵未妥应遗憾，每触愁怀便泫然。"

（余略）

答卢兆显君论诗词书[1]

兆显先生：

省来教所问三事，具见好学深思，敬佩无已，兹依来问性质，次第奉答如次：

文学与音乐之关系，在中国文学史上为一最重要之问题，先生能见及此，可谓卓识。大抵中国文学体变虽繁，要不出诗书之教，自史传移[2]奏诸记言记事之文，皆《书》教所摄，此与乐无关者也。自赋颂箴铭乐府词曲，诸有韵之文，皆《诗》教所摄，此与乐不可分者也。诸与乐有关之文学，其源又有二途，如《国风》、汉魏乐府，此出于民间音乐者也，其后则衍为四五七言诗；如唐宋大曲，此出于异城音乐者也，其后则衍为元明以来之戏曲。凡出于民间音乐者，须经长时间之酝酿融合，始由分歧而趋于定型；凡出于异域音乐者，须经长时间之推衍传播，始由新异而趋于普遍。今日所见以与音乐相离之各体文学，当其早期，盖不知经几许年月受音乐之陶镕，始得具有音乐之素质，非仓卒造次所能就也。今西乐东来虽已有

① 本文原刊《读书通讯》1942年第34期。

② 原刊误作“诒”。

年，然皆片羽零星，未成风气。政府无大规模之音乐机关，民间无大规模之音乐场所，传播欣赏，皆无足言。又西乐情调之与东方民族性不合者，未经选汰；西乐节奏之与中国单音语不合者，未经研究，以故新乐诗无从产生。而自明清以来流行社会之昆曲皮黄亦尚未达衰老死亡之时期，无弃故就新之必然趋势，此新的音乐文学，所以不能建立也。今后新乐之建立，恐须综合异域与民间两种音乐以为之基，以两乐之韵律，谱东方之情调，以民间之谣曲，作文艺之歌词，庶可粗具规模，以贻后世。此其事属于自然演变者矣，属于人力推行者亦半，然不可以期之数十年中，则历史往迹所示为不诬也。

此事既明，则白话诗文之问题可以思过半矣，旧诗之所以有其自具之情韵者，盖由历史上长期之陶炼，已将民族文化、思想、感情、物色、比兴、意境、词汇冶为一炉，作者不必有超绝之性情才力，只须不失绳墨，自能事半功倍，白话诗不由乐诗脱胎，已大违中国文学演变之原则。又作者唯恐落于旧诗之故步，必矫以西洋诗之思想感情乃至词汇，而此种种皆非读者之所固有或素习，甚至非作者之所固有或素习，其真感情安能流露？欲革此弊，恐非少数人短期中所能为力，必具民族文化已形成新的型式，思想感情皆已有不陈腐的本位精神，物色乃至词汇皆已有新的附丽，而其节奏韵律又皆自新的乐诗出来，作者已不须分其精力于造作外形，然后触事赋情，自然直邃。故居今日而有志于白话诗文之改进者，与其苦心焦思于创造，毋宁萃其精力于研究。文学本非旦夕之业，自有其演进之次第，众绿未熟，揠苗助长，终无是处，先生以为如何？

至于白石词境，毁誉不一，亦自各有其根据。白石清空超脱，于宋代诸家最为高绝，譬如画家，殆如云林山水。然洗伐太甚，则不免枯淡而欠丰腴，飘逸而欠刻露，浅隔之识，坐此而来。又词至南宋，已非教坊所专，作者学问、怀抱、书卷、寄托胥寓于中，非但东坡、稼轩学力绝人，即片玉、屯田亦自有其书卷。而白石一生，潇然自放，啸傲江湖，除一段隐逸风格时时流露外，其他殆无所见。此等素质，加以洗伐，系非陷于浅弱不可。后人以姜、史并称，关于梅溪之浓重，则称者以其词法言，非以性情言也。

愚见如是，敬候明教，顺祝

撰安。

罗膺中

三十年十一月一日，昆明

附：卢君来问三则

一、现代白话诗虽间有佳构，然终苦其无旧诗之情韵，令人反复咏叹，低徊不能自已，究将何法以善之？

二、后人对白石词之评价，毁誉不一，或誉为“清空”“词圣”“野云孤飞去留无迹”，或毁为“局促”“情浅”“雾里看花终隔一层”，究以何者为是？

三、凡代表一时代之文学作品，似莫不与音乐发生密切关系，兹者我国古乐既不可复，西乐之流行亦数十年矣，于文学上似尚无受其影响之迹象，遑论音乐的文体之建立，其故安在？前途之演变如何？可预测一二否？

读《诗经》[①]

经学千绪万端，要以通大义为主。家法不可淆紊，而会通惟在一心。至于训诂校勘，仰承同异，则皆筌蹄所寄，不可扪烛扣盘。首当以《史》《汉》“儒林传”、《汉书·艺

① 本文与《读〈文心雕龙〉》，原以《关于研读〈诗经〉和〈文心雕龙〉的两封信》为名，刊于《江汉论坛》1980年第3期。这两封信是罗庸弟子严学窘（华中师范学院教授，中国音韵学会首任会长）1947年在中山大学文学院教授“读书指导”课程时，罗庸先生为其释疑的回信。

文志》为基，次当以熟讽经文为主。然后专治汉晋传注，明其旨归；次治宋元新说，撷其义理；末治清人诂训，核其音训。大木既立，再求折衷一当，则造乎通途，不忧窘步矣。至于读经之序，《诗》为第一，诗义既晰，而乐在其中，次当读《书》，次当读《左传》，以其史实足与《诗》相辅也。次当读《三礼》，以其制度足与《诗》相明也。此之既明，当反求《公》《穀》二传，以三世三统之说，捻消息盈虚之理，化成久道，转证《羲经》，则纲领得矣。至于治《诗》，要以毛《传》、郑《笺》为主，辅之以陈[①]奂《传疏》，马瑞辰《传笺通释》，胡承珙[②]《后笺》。勿企发明，先求墨守。每有疑义，别纸疏记。然后再读考亭《集传》，而解之以姚氏《通论》、方氏《原始》，则心得日出。然后以文字、音义、典章、制度、地理、民风（此二者看《汉书·地理志》）诸学为之羽翼，而归穴于《论》《孟》之论诗，则博而寡要之愆，庶几免矣。

① 原刊误作“阵”。
② 原刊误作“琪”。

读《文心雕龙》

刘舍人《文心》一书，全自士衡《文赋》出，而益加恢宏。而《文赋》规模在魏文《典论·论文》中，已粗具体要。研《文心》者，就曹、陆两文中，分析其内容，则纲领得矣。《文心》上卷显示文笔之分途，此当于《史》《汉》及两汉子家（如《法言》《新论》《论衡》等）中寻史子之分途，奏议辞赋之殊轨（刘申叔先生有《文笔诗笔词笔考》在《遗书》中，可参观），仍证以汉魏迄宋齐遗文，以明文体之演变，此一事也。下卷文术，则包孕甚广。大抵有三途可循：一者凡《文心》论文之语，率皆南朝以前艺术上之恒言，而渗入文术中者，如《体性》《风骨[①]》出于观人之术（邵祖平有《中国观人论》一书可参），《声律》出于音乐（《文赋》皆用音乐术语），《定势》出于书法（蔡邕有《篆势》《隶

① 原刊误作“旨”。

势》），《神思》《情采》《隐秀》《养气》出于魏晋玄言及道家之说（参《世说新语》及《嵇康集》），《比兴》《物色》出于山水文学（参大、小谢），《镕裁》《附会》《丽辞》出于纂组文绣（扬子云时有此说），《章句》《练字》出于佛典（《文心》一书之整齐栗密亦出于佛典也），《事类》出于类书（《皇览》以降甚繁）；如此之类，必先分类研求，而后反证之《文心》，则知《文心》实集古代艺术理论之大成，不过以论文方式出之耳。二者下卷所论，非证不明。必先熟味齐梁以前之文，触类旁通，举例以实其义，而后《文心》内蕴始出。三者《文心》隐曲，非作者不能体其微，必先自能操笔尽试各体，然后知其疾徐甘苦，此又非朝夕所能卒办也。复次读《文心》有两忌：一忌以后世文说阑入《文心》，二忌以西洋学理，曲为解释。此两病既去，其学始臻谨严。至于笺注索隐之功，今人用力已勤，可无烦多所致力耳。

我的中学国文老师[①]

民国二年的寒假里，我考进了京师公立第二中学校。

当时北京一共有四个公立中学，直属于京师学务局，学务局本来是清代八旗学务公所的化身，四个公立中学也大半是八旗官学的改组。第二中学在东城史家胡同，其前身便是左翼八旗官学。

民国初年的学制定为中学四年，一律冬季始业。辛亥革命后，这新改组的京师公立第二中学校还保留着左翼八旗官学的旧生三班，所以民国元年入学的新生便称为第四班，我们这一班数下来就是第六班了。这时学校一律是单级制，所以我初入学的这一年，校中共有学生四班，即第三班至第六班。

甲午战败以后，清廷派了大批学生到日本去留学，我们的校长文冠英先生便是那时候的早稻田大学师范科毕业生，所以

---

① 本文原刊《国文月刊》第34期，1945年4月出版。

校中的教师大半是日本留学生；只有国文教师不是留学生，但都是在前清有功名的。

这时校中有三位国文老师，教第三班和第四班的是伊鉴湖先生，教第五班的是景月岩先生，教我们这一班的是王璞如先生。伊老师名人镜，京兆武清县人，前清拔贡，是一位老名士。王老师名毓华，京兆宝坻县人，前清举人。这两位是全校国文中心，喜好国文的学生，都以能受教于这两位老师为荣幸，而我们这一班恰好遇到了王老师。

小学生在初升学的时候，对于学校和教师大率有一种新奇和仰望的心情，尤其对于素所喜爱的功课，其注意尤为深切。我一向是喜欢国文的，所以刚一入校，便以渴望的心情期待这位新的国文老师。

第一周的国文钟点到了，铃声才住，讲堂外慢慢的走进来王老师。值日生喊“一”，大家立起来。王老师踱上讲台，向大家微微一鞠躬，随手把夹在胁下的讲义放在桌上。值日生喊“二”，大家坐下，值日生赶着向每人的座位上发讲义，王老师背着手在讲台上左右的踱着，目光轮转注视着每一个学生。

王老师这时年约四十五六，身量不高，肩背微驼，瘦长的脸上突出两个高颧骨和一个大鼻子，浓眉大眼，奕奕有神。后面的头顶业已全秃，推光的两鬓也已斑白。穿一件半旧灰布皮袍，整洁而朴素。就在这没有开口的一两分钟之内，同学们不约而同的被他的气象慑服了。不由得从心里赞叹一句："这才真是我们的老师！"

那是一种说不出来的感觉，简易、率真、崇高、严肃、凝重、亲切、安和、慈祥，这许多印象在面前构成了一座苍山，一窗春日，一池清水，一味醍醐。就是平常最调皮的学生，这时也不由得欠心定气，静默无哗，讲堂里立刻换了一番景象。

这一课讲的是范祎《与人论学文之法书》，王老师操着本色的宝坻土音，声如洪钟，语言缓慢而沉着有力。读本文时抑扬顿挫，一字不苟，尤其是语势的转折，虚字的照应，经他一念，整篇文章就像一个人在面前说话一般，不待解释，已经大部分明白了。他只略略注释几个难字，黑板上写字极少，题外的话也极少。他写的一笔好苏字，在黑板上也一笔不苟，似乎是"就石书丹"一样；也是真的，下课后谁也舍不得拭去黑板上那寥寥的几个字。

一堂上过，同学们都好像打了强心针，个个精神焕发，谁都预备把国文念好。尤其是我们几个喜欢国文的同学，竟有"托身已得所，千载不相逢"之感。

第一次的作文题出的是"国奢示之以俭论"，这在那时代并不算太深，因为学生中读过《礼记》《左传》的大有人在。批改后发卷的时候，又给了我们一个新的印象，文卷上照例是不批分数的，但王老师却按分数的高下把试卷排出先后，最先发还的三本课卷说明叫全班传观。写中佳句用密圈，命意好的地方用密点，圈点都是像刻书那样整齐。末尾照例有几句尾批，如“笔有炉锤，词无枝叶”，或“语虽妥适，迹近敷衍”之类。浓浓的墨，衬着那一笔苏字，使得你不好意思再来拿潦草的书法塞责交卷，于是大家又都努力练习起写字来。

就是这样一口气上完三个学年，王老师用的是林纾选《中学国文读本》，商务版，线装。第一册是清文，以下明元宋唐倒溯上去，最后是《战国策》和晚周诸子。选文的主体自然是归、方、姚、曾和唐宋八家，但王老师再选时却又有他的一番斟酌。所以三年中虽然念了许多家的文章，竟如只念一家一样，风格意境，造句谋篇，都属于一派，一点也不凌杂。这样，无形中引起了大家读专集的兴味，我们几个喜好国文的人便相约各人读一部专集。我选的是韩昌黎，三年中把一部韩文大半背熟，作文因此长进了不少。但这些王老师是不管的，他只是按部就班的讲他的文章，出他的作文题，讲了又作，作了又讲。也不叫学生背书或默写，也不测验，也不考书。

旧式的国文教师如果是科举出身或书启师爷改行的，大半带一点八股味或八行味，这对于学生的影响是很坏的。但王老师却没有这些气味。他只是古文家而兼有理学修养，却也不标榜桐城、阳湖。

王老师对于文字训诂考据的一套学问无疑是很差的，但绝不因此影响到学生的信仰，当时的中学课程到第三年要加授文字源流，这一年便在国文课中每周加一小时，仍由王老师担任，课本用的是商务共和国教科书《文字源流》。仅仅上了一两堂，大家便觉得这门学问实在非王老师之所长，徒自让他费力，便要求停讲，结果是改请伊老师每周讲一小时他自己编的《国文字母类编》。

这事在我们班上不能不算是一个奇迹，因为我们这一班是相当难对付的，常常会质问教师。假如换一位别的教师那恐怕只有辞职走路之一法，但在王老师则大家只觉得“此课不必有，而此师不可无”，人格的感化力显然是超过一切的，王老师便是最好的实证。

伊老师来上他的《国文字母类编》了，这在我们只是一个新奇，而并不感到亲切。伊老师似乎是“堂堂乎张也”的一流人物，将近六十的年纪，高高的身材，嶙嶙的瘦骨，清癯的面貌上配上稀疏的一把花白胡鬚。剃得光光的头，留着旧式辫顶，却从颈后把辫发戛然一剪。走路永远是挺胸阔步，双目上视，对于学生似乎有不屑理睬的神情。博学多能，少年时据说有才子之目。商务的《辞源》那时刚刚发售预约，尚未出版，伊老师便是全校的“活辞源”，但也只有教师才有资格请问。有时作一首诗或拟一副挽联，那些典故和古体字便令人摸不着头。隶书和行草都是学的伊墨卿，小篆也写得极好。在第三四班教国文的情形我们不大知道，但现在想起来恐怕是自我发挥的时候多。记得有一次旧历元旦学校不放假，伊老师很不高兴，便出了一个作文题，是“戴凭元旦说经坐重席论”。恰好学务局视学员崇镇东来查学，还把这个作文题记在查学报告上，着实表扬了一番。现在伊老师来教《国文字母类编》了，大家怀着好奇的心情，想从这里得到一些不传之秘，却不料闹得个败兴而归。

《国文字母类编》是一种《说文解字》摘要，从五百四十部首里摘出了大约二三百字，按天地人物四类分编，每部各约六七十字，每字便是《说文》的一条。例如“氏，巴蜀山名，岸胁之堆旁箸欲落堕者曰氏，氏崩，声闻数百里。象形，乀声。凡氏之属皆从氏，扬雄赋曰：响若氏隤。承旨切。”上课的时候，便照讲义念一遍，然后再在黑板上写两个字，便算完事。上了几堂，大家感觉莫名其妙，恰好我和三位同班的同学正在相约自已念《说文》，我们除了一部大徐本以外，只有一部《说文释例》，算是唯一的参考书。但六书条例和反切方法总是闹不清，便相约到伊老师的宿舍去请教，意思是请他多开几部书名，以便参考。那知伊老师大不高兴，他说："你们小孩子用不着问这些，好好把文章做通了要紧。"我们四个人嗒然而返，从此，对于《国文字母类编》这一课兴味索然，上课时只偷偷的看旁的书，将就混过了一年。

但伊老师另一方面给我们的影响却是不可磨灭的，这时是民国四五年之交，袁世凯筹备帝制正闹得乌烟瘴气。北京的中小学校正在把员生名册汇钞给学务局作联名劝进的材料，一般的教育界忧于军政执法处陆建章的淫威，大都噤若寒蝉，独有我们的王老师和伊老师却在讲堂上昌言反对，王老师是很微婉的，常常出"闻诛一夫纣，未闻弑君说"、"国家之败由官邪也论"一类的题目。伊老师则慷慨激昂，公然在讲堂上大骂"国贼"。其时袁党侦骑密布，我们都替伊老师捏一把汗，但满心积愤，又愿意借了伊老师来发泄一下。就在这一种矛盾的心情之下，维持着我们这班青年的正气直到袁氏的覆亡。现在想起来真乃"其功不在禹下"的。在这里，我始终敬佩着伊老师。

在第四学年的春天，学校发生了易长风潮，旧教师相率辞职，我自已也就不常到校上课，后来勉强参加学业考试了事。

伊老师从此回返故乡，便没有再见的机会了。王老师还在北京另一学校教书，直到芦沟事变的这一年，仍然健在。我自己西南漂泊，不觉已满七年，王老师早该是七十开外的人，但愿不久回到故都，能够重和他老人家见面。

以上这一段童年的回忆，不觉已过了三十年。在这三十年中，遭遇了两次世界大战，国内的文化教育，也经过了许多变迁。像“戴凭元旦说经坐重席论”这一类的作文题，是不会再在中学里出现的了；但中学国文教学生的许多问题，似乎还应该借鉴于三十年前，现在就以我亲炙门墙的两位老师作例，有几点是足供现代中学国文教师参考的。

文学的功用本在陶冶性情，最低的限度也应该知能并重。现在有些位中学国文教师似乎只在灌输文学知识，甚至不惜以村言俚语取媚于学生，作文技术的训练尚且不注意，“身教”更淡不上了。行与学离，学与文离，师弟相渎，教学交弊，天下所痛之事无有过于此者！在这里，我想，我们的王老师实在是最好的模范。

教学的目的在成就学生，不在表现教师。有些位国文教师似乎只为发挥自己，“进而不顾其安，使人不由其诚，教人不尽其材，其施之也悖，其求之也佛。”学生既不能实际受益，教师的表现也落了空虚，这实在是很不聪明的办法。在这里，我们的伊老师是可以为戒的。

近三十年来中学国文教材一贯的毛病是“杂”，姑无论学生不能讲清背熟，就是能讲能背也没有多大效用。但看每年大学招生的国文卷，几乎没有一篇略具风格的，就因为中学六年中没有一贯的涵泳。我以为：固然不必像我们王老师那样专讲古文，但能选讲一家之文连读二三十篇不换家数，也就是以培植下一种风格，学字尚不可每天换帖，学国文反到可以一日三迁，此所谓知二五不知一十者也。其根源都在吃了灌输知识的亏，如能以训练技能为标准，自然会深深地感觉到杂的弊害的。

近年讲文的方法也是吃了灌输知识的亏，什么作者介绍，文体说明，就占了大部分时间，到了讲本文时，教师与学生的精神已经是强弩之末，不能穿鲁缟了。此无异于叶公好龙，博士买驴，实在是本末倒置。我最爱谢上蔡称赞程明道的话，他说：“明道先生善言诗，他又浑不曾章解句释，但优游玩味，吟哦上下，便使人有得处。”又说：“伯淳尝谈诗，并不下一字训诂，有时只转却一两字，点掇地念过，便教人省悟。”我每读此言，便想到我们的王老师，以为颇有明道之风，尤其足以医近人买椟还珠之病。但这不是容易事，必须教师自已真能熟读深味，粹然有得，才作得来。否则即使预备得再充分，也不过多给了学生一些笔记的材料，到了“白战不许持寸铁”的时候，依然是一筹莫展的。

跟了这买椟还珠的毛病来的是大量的写黑板，有些教师似乎以能使学生抄黑板为得意，不知假令移黑板上的字为讲义则他在讲堂上还能作点什么。我们的王老师是不大写黑板的，但同学们未尝感到空虚，反到以为那些是材料应该自己翻书的，不应耗费上课的时间。倒是王老师的念文章，是非实地领略不可的，这里又令我想到上蔡称赞明道的话：“古人所以贵亲炙之也。”

命题作文也是一套专门学问，不然会弄得笑话百出，一方面也戕贼了学生。我们的伊老师曾经出过“戴凭元旦说经坐重席论”，他以为学生都是读过两汉书的，那一次作文的结果如何我不知道。但有一次某种国家考试出过一个国文题，是“上天下泽履君子以辩上下定民志论”。原题并无标点，有一位考生是念过法律的，他把题目读作“上天下泽履君子，以‘辩上下定民志’论”。于是按照“于公共场所无故鸣枪，以妨害治安论”作了一大篇。五四以来，连我们王老师的那种“国奢示之以俭论”都少见了，这却是一个好现象，但近来似乎有点复古的倾向，据说某地的中学会考出过一个荀子的题，几乎全场交白卷。我以为荀子题不是不可以出，但必须学生念过荀子，正如一个士兵不是不可以上火线，但必须吃饱了饭一样。否则便是“不教而诛”，那是一桩无比的惨剧。

批改作文也是一套专门的学问，善改文者必须有点铁成金的手段，决不损伤原文，所以有时改一篇比作一篇尤难。有些教师改文并不顾及原作，只是添加一两段自己的话；有些人又却懒得改，只是胡乱圈圈点点，加一个“清顺”或“明通”的批。这种批改对学生毫无益处，久而久之，学生对于发下来的文卷，视如无物，只不过换取分数了事。作文的功用，到此已等于零了。我们的王老师真是善于改文，有时只增减一两个字便风神顿异；但这也不是容易事，必须教师自己的文章作得好，才能得心应手，勉强是作不来的。改卷的书法对学生的影响也很大，假如教师的字写得工整匀齐，学生先不敢存一个轻视的心，对于改笔，必需注意，否则潦草模糊，学生知道教师无诚意，自然轻师废学，不求进益，结果必致两败俱伤。程子说：“某写字时甚敬，非是要字好，即此便是学。”我们的王老师是做到“敬”之一字的了。

成绩的观摩对于学生的向上心是有很大的帮助的，青年率皆好胜，观摩成绩是最好的鼓励方法。我以为，我们王老师按次第发卷和传观佳卷的办法是可以采取的，这样可以使优者励而劣者勤，我们那时同班的同学便是受益的一群。

总括一句话，凡事必无幸致，要学生好必须教师自己好，尤其是国文课，真是“诚之不可掩如此夫”的。教师如能反躬自责，充实光大，则无形中“身教”的收获，必较“言教”为多，不必空谈教学法，而教学法自有水到渠成之妙。有诸已而后求诸人，无诸已而后非诸人，所藏乎身不恕而能喻诸人者，未之有也。

岁华如箭，当年一个刚刚十四岁的小学生，转眼已是昔年王老师的年纪了。蹉跎老大，所学无成，寒雨秋宵，家出万里，追述往事，对此存殁殊途的两位老师，不禁无限的慕恋之怀。

国家新闻出版广电总局
首届向全国推荐中华优秀传统文化普及图书

大家小书书目

经典常谈	朱自清　著
语言与文化	罗常培　著
习坎庸言校正	罗　庸　著　杜志勇　校注
鸭池十讲（增订本）	罗　庸　著　杜志勇　编订
古代汉语常识	王　力　著
国学概论新编	谭正璧　编著
文言尺牍入门	谭正璧　著
日用交谊尺牍	谭正璧　著
敦煌学概论	姜亮夫　著
训诂简论	陆宗达　著
金石丛话	施蛰存　著
常识	周有光　著　叶　芳　编
文言津逮	张中行　著
中国字典史略	刘叶秋　著
古典目录学浅说	来新夏　著

诗境浅说	俞陛云　著
唐五代词境浅说	俞陛云　著
北宋词境浅说	俞陛云　著
南宋词境浅说	俞陛云　著
人间词话新注	王国维　著　滕咸惠　校注
苏辛词说	顾　随　著　陈　均　校
诗论	朱光潜　著
唐诗杂论	闻一多　著
诗词格律概要	王　力　著
唐宋词欣赏	夏承焘　著
槐屋古诗说	俞平伯　著
词学十讲	龙榆生　著
词曲概论	龙榆生　著
中国古典诗歌讲稿	浦江清　著
	浦汉明　彭书麟　整理
唐宋词启蒙	李霁野　著
唐人绝句启蒙	李霁野　著
词学名词释义	施蛰存　著
唐宋词概说	吴世昌　著

宋词赏析	沈祖棻　著
闲坐说诗经	金性尧　著
陶渊明批评	萧望卿　著
舒芜说诗	舒　芜　著
名篇词例选说	叶嘉莹　著
唐诗纵横谈	周勋初　著
门外文谈	鲁　迅　著
我的杂学	周作人　著　张丽华　编
论雅俗共赏	朱自清　著
文学概论讲义	老　舍　著
中国文学史导论	罗　庸　著　杜志勇　辑校
给少男少女	李霁野　著
鲁迅批判	李长之　著
三国谈心录	金性尧　著
夜阑话韩柳	金性尧　著
历代笔记概述	刘叶秋　著
笔祸史谈丛	黄　裳　著
古典诗文述略	吴小如　著

红楼梦考证	胡　适　著	
《水浒传》与中国社会	萨孟武　著	
《西游记》与中国古代政治	萨孟武　著	
《红楼梦》与中国旧家庭	萨孟武　著	
《金瓶梅》人物	孟　超　著	张光宇　绘
水泊梁山英雄谱	孟　超　著	张光宇　绘
《红楼梦》探源	吴世昌　著	
《西游记》漫话	林　庚　著	
细说红楼	周绍良　著	
红楼小讲	周汝昌　著	周伦玲　整理
曹雪芹的故事	周汝昌　著	周伦玲　整理
中国古典小说漫稿	吴小如　著	
三生石上旧精魂 ——中国古代小说与宗教	白化文　著	
《金瓶梅》十二讲	宁宗一　著	
中国史学入门	顾颉刚　著	何启君　整理
秦汉的方士与儒生	顾颉刚　著	
三国史话	吕思勉　著	

史学要论　　李大钊　著
中国近代史　　蒋廷黻　著
民族与古代中国史　　傅斯年　著
民族文话　　郑振铎　著
史料与史学　　翦伯赞　著
唐代社会概略　　黄现璠　著
清史简述　　郑天挺　著
两汉社会生活概述　　谢国桢　著
中国文化与中国的兵　　雷海宗　著
两宋史纲　　张荫麟　著
明史简述　　吴　晗　著
北宋政治改革家王安石　　邓广铭　著
故宫说史　　单士元　著
史学遗产六讲　　白寿彝　著
司马迁　　季镇淮　著
二千年间　　胡　绳　著
论三国人物　　方诗铭　著
美术、神话与祭祀　　张光直　著
中国古代衣食住行　　许嘉璐　著

和青年朋友谈书法	沈尹默　著
桥梁史话	茅以升　著
中国戏剧史讲座	周贻白　著
俞平伯说昆曲	俞平伯　著　陈　均　编
新建筑与流派	童　寯　著
论园	童　寯　著
拙匠随笔	梁思成　著　林　洙　编
中国建筑艺术	梁思成　著　林　洙　编
沈从文讲文物	沈从文　著　王　风　编
中国绘画史纲	傅抱石　著
中国舞蹈史话	常任侠　著
世界美术名作二十讲	傅　雷　著
金石书画漫谈	启　功　著　赵仁珪　编
梓翁说园	陈从周　著
旧戏新谈	黄　裳　著
现代建筑奠基人	罗小未　著
世界桥梁趣谈	唐寰澄　著
中国古代建筑概说	傅熹年　著

简易哲学纲要	蔡元培　著
老子、孔子、墨子及其学派	梁启超　著
中国政治思想史	吕思勉　著
天道与人文	竺可桢　著　施爱东　编
春秋战国思想史话	嵇文甫　著
晚明思想史论	嵇文甫　著
谈美书简	朱光潜　著
民俗与迷信	江绍原　著　陈泳超　整理
佛教基本知识	周叔迦　著
希腊漫话	罗念生　著
佛教常识答问	赵朴初　著
大一统与儒家思想	杨向奎　著
孔子的故事	李长之　著
乡土中国	费孝通　著
经学常谈	屈守元　著
墨子与墨家	任继愈　著
汉化佛教与佛寺	白化文　著

出版说明

“大家小书”多是一代大家的经典著作，在还属于手抄的著述年代里，每个字都是经过作者精琢细磨之后所拣选的。为尊重作者写作习惯和遣词风格、尊重语言文字自身发展流变的规律，为读者提供一个可靠的版本，“大家小书”对于已经经典化的作品不进行现代汉语的规范化处理。

提请读者特别注意。

北京出版社